언젠가 권일한 선생님이 SNS에 쓴 글을 읽고 그에게 매료되었다. 그가 책을 사랑하는 사람임을 알았기 때문이다. 사실 성도들은 '그 책을 사랑하는 자'들로 불렸다. 그러나 우리는 그 책, 즉 성경을 잃어버렸다. 이 책 『성경을 돌려드립니다』는 그 책을 사랑하는 사람만이 쓸 수 있는 명료한 문장과 깨달음의 고뇌를 통과한 깊이와 몸으로 체득하여 쓴 구원의 이야기를 생생하게 복원하여 우리 가슴에 닿게 한다. '성경'만큼이나 망각하고 잊어버린 '언약'으로 다시 성경을 보는 눈을 열어 준다. 저자는 스스로를 '평신도'라고 겸손하게 말하지만 그의 겸손함은 가히 성경에 다가가는 예배자의 엎드림 그 자체다. 이 책을 읽고 난 뒤, 어거스틴에게 일어났던 것처럼 갑자기 당신의 마음에도 '잡으라! 펴라! 읽으라!'는 음성이 들릴 것이다. 잃어버린 보화를 찾을 수 있는 지도가 여기 있다.

김병년 다드림교회 담임목사, 『난 당신이 좋아』 저자

모든 신자가 성경을 읽는 것에서 종교개혁이 시작되고 개신교회가 탄생했다. 정색하고 말하면, 성경을 읽지 않으면 개신교인이 아니고, 성경을 읽게 하지 않으면 목사가 아니다. 현직 초등학교 교사이자 성도인 저자가 성경을 미치도록 사랑하는 열정과 교회를 아끼는 애정으로 성경을 왜, 어떻게 읽어야 하는지를 조목조목 정리했다. 그가 나의 손에 성경을 쥐어 준다. 주께서 주신 것이니 응당 돌려받아야 하리라. 이 책으로 다시 시작하라. 성경을 읽는 당신이야말로 진정 개신교인이고 종교개혁을 완성해 나가는 말씀의 사람이다.

김기현 로고스교회 담임목사, 『성경독서법』 저자

16세기 종교개혁을 비롯한 역사상 크고 작은 개혁과 부흥은 하나님의 기록된 계시인 말씀을 회복하는 데서 시작되었다. 이런 차원에서 권일한 선생님의 책은 단지 성경 개론이나 성경 읽기 방법론을 제시하는 것이 아니라, 한국 기독교 쇠락의 원인과 회복의 핵심 방안을 제시한다고 할 수 있다. 성도 개개인이 매일의 삶에서 기쁨과 복을 누리며 실천할 수 있는 방안이 분명히 제시되어 있다. 저자가 매일 말씀을 읽고 순종하며 가르치는 기쁨 가운데 살면서 그 경험을 글로 풀어냈기 때문에 가능한 것이리라. 특별히 신구약 성경 66권은 물론이고, 초대교회부터 현대교회까지 교회사를 종횡무진 오가며 풀어내는 그의 내공에 감탄과 존경을 표한다.

정병오 문래중학교 교사, 좋은교사운동 정책위원

'성경을 열심히 읽으라!' 하고 부르짖는 책은 많다. 대다수의 책은 성경적 권위를 내세우며 성경을 반복해서 읽으라고 한다. 하지만 권일한 선생님은 우리에게 성경적 당위만을 내세우며 성경을 읽으라고 하지 않는다. 수십 년간 독서 전문가로 활동한 탁월한 식견으로, 성경 속 저자와 깊이 대화하라고 권면한다. 그리고 그 저자들과 섬세하게 대화를 나누는 방법을 아주 재미있게 보여 준다. 나는 이 책이, 성경을 묵상하는 일이 아직까지 힘에 부치는 그리스도인이나 성경을 가르치는 교사들에게 실제적인 도움을 주리라고 분명히 확신한다.

김태현 백영고등학교 교사, 『내가, 사랑하는 수업』 저자

성경을 돌려드립니다

성경을
돌려드립니다

권일한 지음

좋은씨앗

성경을 돌려드립니다

초판 1쇄 발행 | 2015년 2월 17일
초판 2쇄 발행 | 2021년 9월 10일

지은이 | 권일한
펴낸이 | 신은철
펴낸곳 | 좋은씨앗
출판등록 제4-385호(1999. 12. 21)
주소 | (137-886) 서울시 서초구 효령로 77길 20, 212호
주문전화 | (02) 2057-3041 주문팩스 | (02) 2057-3042
홈페이지 | www.gsbooks.org

ISBN 978-89-5874-234-0 03230

하나님의 말씀을 따라 산 믿음의 선조,
거룩한 손으로 성경을 옮겨 쓴 필사자,
성경을 전해 주기 위해 몸 바친 순교자,
하나님의 말씀을 들려주려고 애쓴 성경 번역자,
땀과 눈물로 성경을 전한 권서인,
이분들을 보내 주신 하나님께 영광을 올려드립니다.

차례

저자 서문

그리스도인에게 하나님의 말씀만큼 중요한 것은 없다. 우리는 하나님의 말씀, 즉 성경을 통해 하나님이 누구신지 알게 되고 자신이 누구인지 알게 된다. 그래서 성경을 읽고 배우며, 성경 말씀을 잘 전하는 목사를 찾아다닌다. 그러나 정작 스스로 성경을 읽고 깨닫는 사람은 그리 많지 않다. 오래전부터 그래 왔다. 하나님은 모든 사람에게 성경을 주셨지만 몇몇 소수가 성경을 장악하는 역사가 되풀이될 뿐이다.

구원을 확신한다고 고백하는 중고등학생에게 "성경이 믿을 만하냐?"고 질문한 적이 있다. 그러자 "믿을 수 없다"는 대답이 꽤 많았다. "성경을 믿지 않으면서 구원을 확신하는 근거가 무엇이냐?"고 묻자, "그냥요", "교회에 다니니까요"라고 대답한다. 대부분의 학생들은 구원에 대해 관심이 없고, 성경도 읽지 않는다. 그러다가 대학에서 하나님을 인정하지 않는 학문의 세계, 이성주의와 과학적 증명이 지배하는 세상을 만나면 기독교를 반박하는 논리에 무릎을 꿇는다. 모래 위에 세운 믿음이 무너지고 한

때 교회를 다녀 본 사람으로 전락하고 만다. 스스로 성경을 읽으며 고민하지 않고 다른 사람이 전하는 설교만 대충 들었기 때문이다.

그리스도인이라면 성경을 읽으려고 부단히 노력했을 것이다. 자신이 지금까지 성경을 어떻게 읽어 왔는지 되돌아보라. 혹시 자기 생각을 뒷받침해 주는 성경 구절을 찾아 보호막처럼 사용하지는 않았는가? 자기 마음에 드는 성경 구절을 붙들고 주문을 외우듯 하지는 않았는가? 자기 욕심을 채우려는 수단으로 성경 구절을 뒤적이지는 않았는가? 하나님의 말씀은 우리 취향대로 골라 먹을 수 있는 아이스크림이 아니다. 살아 있는 하나님의 말씀이 우리 가운데 역사하게 해야지, 우리 자아가 살아서 임의대로 말씀을 갖다 붙이면 안 된다.

우리는 제대로 분별하지 못할 때가 많다. 자기 경험이 전부인 줄 알고 남의 말을 귀담아 듣지 않고, 자기 마음에 드는 몇몇 목사의 설교를 최고로 여기며 무조건 따르기도 한다. 다른 사람이 전하는 성경 해석에 만족해하며 스스로 성경을 읽지 않는다면, 귀가 있어도 듣지 못하고 눈이 있어도 보지 못하는 것이다. 예수님은 열두 살 때 성전에서 선생들에게 듣기도 하고 묻기도 하셨다. 예수님의 제자인 우리도 성경을 읽고 상고해야 한다. 궁금한 것은 공동체에서 묻고 듣기도 하며 다른 사람들과 함께 나누어야 한다.

사실 나 자신도 성경 말씀을 제대로 모르면서 하나님의 말씀을 잘 듣고 올바로 분별하는 줄 착각하며 살았다. 그러다가 하나님의 은혜로 성경 말씀을 깨닫게 되면서 이전에 알던 모든 것이 배설물임을 알게 되었다. 그때부터 하나님의 말씀을 찾아 헤매기 시작했다. 도덕 교훈이나 잘 사는 비결이 아니라, 영혼을 찌르고 단련시켜 예수님의 제자로 살게 하는 하나님의 말씀을 찾아다녔다. 하나님은 믿음이 없고 굶주림에 허덕이는 내게 친히 말씀을 먹여 주셨다. 어찌나 달고 오묘한지 성경을 읽고 또 읽어도 전혀 지루하지 않았다.

2천 년 전 사람들이나 오늘날을 살아가는 우리나 치유와 회복, 은혜와 축복을 찾아 예수님께 몰려간다. 우리 눈을 열어 주의 율법에서 놀라운 것을 보게 해달라고 간구한다. 하지만 죄와 허물이 우리의 눈을 가린다. 교회가 수없이 많고 기독 서적이 넘쳐 나지만, 여전히 하나님의 말씀에 굶주린 사람들이 이곳저곳을 기웃거리고 있다. 위로와 용서를 누리고 싶고, 따스한 손길이 그리워 찾아다니지만 끝내 찾지 못한다. 밤은 깊어만 가는데, 희미한 등불을 들고 사랑과 은혜를 찾아다니는 사람들이 얼마나 많은가!

하나님은 내게 교회에서 상처받은 이들, 사역과 사람에 지친 이들, 성경을 알고 싶어 갈급해하는 이들을 보내 주셨다. 아무리 성경을 봐도 깨달아지지 않는다고 고민을 나눌 때마다 "기도하세요. 봉사하세요"라는 이야기만 듣고 답답해하던 이들과 함께 성경 말씀을 나누기 시작했다. 그러면서 줄곧 이런 생각이 들었다. '말씀이 육신이 되어 우리 가운데 거하신 예수님을 보내 주셨는데 우리는 왜 성경을 잘 모를까?' 점차 시간이 지나면서 그 이유를 알게 되었다. 우리 스스로 성경을 붙들고 몸부림치지 않기 때문이라는 것을 말이다.

나는 하나님의 말씀대로 살려고 발버둥 치는 평신도다. 하나님의 은혜로 성경에 푹 빠져서 읽고 또 읽었다. 신학을 배우지 않았지만 내 마음대로 해석하지 않으려고 성경 해석에 관한 서적, 성경 역사에 관한 서적, 성경 강해 서적, 세계관 관련 서적, 문학 서적 등을 꾸준히 읽어 왔다. 그래서 이 책은 신학자가 쓴 것처럼 깊이 있지는 않지만 독자들이 이해하고 적용하기 쉬울 것이다. 성경을 읽고 싶지만 어떻게 시작해야 하는지 모르는 이들이 첫발을 내딛게 도와주고 싶다. 이 책이, 해가 지고 어두울 때 성경을 가까이하고 올바로 깨닫도록 비추는 작은 등불이 되기를 간절히 바란다.

2015년 2월

권일한

1장

우리는 왜 성경을 빼앗겼는가?

사람들은 원자력에 의한 파괴는 회복시킬 수 있으나
복음에 의해 야기된 파괴는 회복시킬 수 없다.
복음에 의해 야기된 파괴를 회복시키면
그곳에는 이미 복음이 존재하지 않는다.

- 쟈크 엘룰 -

2002년 8월 31일, 태풍 루사는 강릉에 870.5밀리미터의 비를 퍼부었다. 영동지방 골짜기마다 물이 휩쓸었다. 수도와 전기가 끊기고 온 시가지가 물에 잠겨 버렸다. 메기가 방 안에서 퍼덕이고, 쓰레기와 오물이 마을을 뒤덮었다. 사방이 물바다인데 정작 마실 물은 없었다. 방에서 물을 퍼내면서도 새벽부터 한밤중까지 지하수 앞에 길게 줄을 섰다. 넘실대는 물 가운데에서 목이 말랐다.

북한과 중국의 지하교회 성도는 성경을 얻기 위해 몇 년씩 기도한다고 한다. 그들은 낡은 성경 한 권을 여럿이 돌려 가며 본다. 수십 년의 기도 응답으로 받은 성경을 안고 엉엉 운다. 사랑하는 사람에게도 그 성경만은 줄 수 없다고 한다. 그에 반해 우리나라는 집집마다 성경 책과 기독 서적이 넘치고 설교가 홍수처럼 쏟아지고 있다. 모든 그리스도인이 휴거된다 해도 성경 출판은 계속 흑자를 볼 거라고 말할 정도다.[1] 북한 성도는 성경을 볼 수 없어서 갈급해하고, 우리는 설교와 기독 서적의 홍수 속에서 기갈에 허덕인다. 설교를 계속 들어도 우리의 귀만 간지러울 뿐 혼과 영과 관절과 골수가 쪼개지지 않는다. 우리도 한때 성경을 지니고 있으면 죽임당하는 시대를 지나왔건만, 지금은 성경을 귀하게 여기지 않고 심지어 읽지도 않는다.

마태복음 16장에는 바리새인과 사두개인들이 예수님을 시험하려고 하늘로부터 오는 표적을 보여 달라고 요청하는 내용이 나온다. 그들의 요청에 예수님은 이렇게 말씀하신다. "너희가 저녁에 하늘이 붉으면 날이 좋겠다 하고 아침에 하늘이 붉고 흐리면 오늘은 날이 궂겠다 하나니 너희가 날씨는 분별할 줄 알면서 시대의 표적은 분별할 수 없느냐." 성경의 몇몇 사본에는 이 구절이 없다고 한다. 아침에 하늘이 붉어도 비가 내리지 않는 이집트에 사는 서기관들이 이 말씀을 삭제한 것으로 추정된다. 우리 가운데에도 이집트 서기관들이 많다. 성경 말씀을 자기 마음대로 해석하며 귀만 간질이는 말씀을 찾아다닌다. 마음을 불편하게 하는 말씀은 거부하고 자신을 즐겁게 하는 사람의 해석을 따른다. 하나님은 제자를 찾으시고, 우리는 제자로 길러 줄 설교를 찾아다닌다. 이 둘의 공통분모를 찾기란 쉽지 않다.

C. S. 루이스는 『스크루테이프의 편지』(*The Screwtape Letters*)에서 마귀의 전략을 밝힌다. "경험이 많은 그리스도인들과 접촉하지 못하게 하고(요즘 같은 때엔 식은 죽 먹기야) 적당한 성경 구절에 관심을 끈 다음, 순수한 의지의 힘으로 예전 감정을 회복하려는 필사적인 시도를 계속하도록 부추길 수만 있다면, 게임은 끝난 거나 다름없다."[2] 즉 마음에 맞는 성경 구절로 감정을 건드리면서 진리를 왜곡하라는 뜻이다. 사탄은 우리에게서 하나님의 말씀을 빼앗고 왜곡한다. 우리로 하여금 성경을 읽지

못하게 하고, 혹은 성경을 자기 마음대로 해석하여 올바로 깨닫지 못하게 한다. 성경에서 멀어지게 하여 결국 하나님을 떠나게 만든다.

사탄의 전략 1_ 하나님의 말씀에서 멀어지게 하라

하나님은 이스라엘 백성에게 명령과 규례와 법도를 주셨다. 평생 하나님을 경외하며 그분의 모든 규례와 명령을 지키고 자녀에게도 가르치라고 명하셨다. 이스라엘은 "우리 하나님 여호와는 오직 유일한 여호와이시니 너는 마음을 다하고 뜻을 다하고 힘을 다하여 네 하나님 여호와를 사랑하라"(신 6:4-5)는 말씀을 마음에 새기고 자녀에게 부지런히 가르쳤다. 집에 앉아 있을 때나 길을 갈 때나, 누워 있을 때나 일어나 있을 때나 언제나 하나님의 말씀을 가르쳤다. 또한 이 말씀을 손목에 매어 표로 삼고 이마에 붙여 기호로 삼았다.[3] 집 문설주와 대문에도 써서 붙였다. 그러나 이스라엘은 얼마 지나지 않아 하나님의 말씀을 잊어버렸다. 하나님을 떠날 때마다 이방인의 압제에 시달렸지만 이스라엘은 하나님께 돌아오지 않았다. 여호수아가 여리고 성을 일으켜 다시 세우겠다고 하는 사람은 자녀를 잃을 거라고 경고했지만(수 6:26) 벧엘 사람 히엘은 하나님의 말씀을 경홀히 여겼다. 그는 죄악의 상징인 여리고 성을 재건하다가 자녀를 잃고 말았다(왕상 16:34).

이스라엘 백성은 하나님의 영광이 시내 산을 뒤덮는 모습을 보고 모세에게 말했다. "당신이 우리에게 말씀하소서 우리가 들으리이다 하나님이 우리에게 말씀하시지 말게 하소서 우리가 죽을까 하나이다"(출 20:19). 이스라엘 백성은 왕의 위엄 앞에서 섬기기보다는 왕의 눈을 피해 있을 때 편안함을 느끼는 노예였다. 파라오의 영광과는 비교할 수 없는 하나님의 영광을 거부하고 자기 마음대로 살려고 했다. 성전을 지은 뒤에는 건물만 바라보고 하나님의 말씀은 잊어버렸다. 하나님을 떠난 백성의 제사는 받지 않으신다는 경고도 듣지 않았다. 그들은 하나님이 보내신 선지자도 죽여 버렸다. 이방인의 빛이 되어야 할 하나님의 백성이 그분의 말씀을 멸시하고 죄악에 빠진 것이다. 결국 하나님의 영광이 성전을 떠났다(겔 10:18).

바벨론 포로 이후 랍비들은 성경을 철저하게 가르쳤다. 심지어 서른 살이 되기 전에는 에스겔서 1-3장을 읽지 못하게 했다.[4] 하나님의 영광을 대면할 만큼 성숙하지 않다는 이유로 말이다. 랍비들은 삶의 구석구석까지 하나님의 말씀이 스며들게 했지만, 오히려 지나친 열심은 말씀을 왜곡하는 결과를 낳고 말았다. 바리새인의 자기 의, 사두개인의 현실주의, 열심당원의 애국심은 하나님의 뜻과는 거리가 멀었다.

민수기 11장에는, 모세가 이스라엘 백성의 장로 가운데 70명을 불러 모아 장막에 둘러 세우는 장면이 나온다. 그때 하나님의 영이 모세와 70명의 장로에게 임하여 그들이 예언하기 시작했다. 호명된 장로들 가운데 장막으로 가지 않고 진영에 남아 있던 엘닷과 메닷까지 예언하게 되었다. 여호수아가 모세에게 그 두 사람을 말리라고 했지만 모세는 "여호와께서 그의 영을 그의 모든 백성에게 주사 다 선지자가 되게 하시기를 원하노라"고 말했다(민 11:29). 모세는 모든 백성이 선지자가 되기를 바랐다. 모든 사람이 하나님의 말씀을 깨닫고 그 말씀대로 살게 하려고 예수 그리스도가 이 땅에 오신 것이다. 태초부터 계신 말씀이 육신이 되어 우리 가운데 거하셨다. 예수님이 십자가에서 죽으심으로 말씀의 공동체, 즉 교회가 세워졌다.

사탄이 가만히 있을 리 없다. 사탄은 우리에게서 하나님의 말씀을 빼앗으려고 수단과 방법을 가리지 않는다. 유럽 최고의 부자 가문 메디치가에서 태어난 레오 10세는 서른일곱 살에 교황이 되었다. 그는 베드로 대성당을 짓다가 건축비가 부족하자 '죽은 조상이 받는 벌을 면해 주는 권리'를 팔기에 이르렀다. 성경을 모르는 백성을 속여 돈을 끌어모은 것이다. 물론 면죄부(원뜻은 면벌부) 판매가 큰 문제였지만, 종교개혁의 핵심은 성경에 대한 해석권에 있었다. 교황은 라틴어로 기록된 성경을 사제만 읽게 했고, 성경 번역이나 해석을 금지했다. 그래서 일반 시민들은 라틴어로 읽는 성경을 알아들을 수 없었다. '면죄부를 사야 조상들이 벌을 받지 않는다'고 말하면 그저 믿을 수밖에 없었다.

성경이 소수의 손에 있는 한, "주의 말씀이 힘이 있어 흥왕하여 세력을 얻기"(행 19:20) 어렵다. 1517년 10월 31일, 마르틴 루터는 비텐베르크 성당에 '95개 조 반박문'을 붙였다. 그리고 성경을 독일어로 번역하여 면

죄부 판매의 근본 원인을 제거해 버렸다. 루터의 강력한 후원자는 인쇄술이라 할 수 있다. 인쇄술의 발달로 인해 루터가 쓴 글은 유럽 전역으로 퍼져 나갔고, 개혁의 불꽃이 온 사방에 옮겨붙었다. 1525년, 윌리엄 틴데일은 라틴어 신약을 영어로 번역하여 하나님의 백성에게 성경을 돌려주었다. 아마도 사탄이 매우 싫어했을 것이다. 결국 틴데일은 성경을 번역했다는 이유로 화형을 당하고 말았다.

1611년, 영국 국왕 제임스 1세는 성경학자들을 불러 흠정역 성경(King James Version)을 만들게 했다. 제임스 1세는 성경 번역과는 어울리지 않는 인물이었다. 흠정역 성경은 틴데일의 영어 성경을 기초로 번역했지만, 어린아이까지 읽게 하겠다는 틴데일의 마음을 무시했다. 왕궁에서 쓰는 장엄한 문체, 즉 백성이 읽기 불편한 문체로 번역했다. 메리 여왕의 박해를 피해 신앙의 자유를 찾아 유럽으로 떠난 이들이 번역한 제네바 성경(Geneva Bible)에 대한 반발로 번역했기 때문이다. 제네바 성경은 천국에서 신자들이 받게 될 상급에 초점을 맞춰 영적 전투를 강조했다. 진정한 신자라면 두 마음이 싸울 때 세속 군주보다 하나님께 순종해야 한다고 주장했다. 안타깝게도, 우리나라 역시 궁궐에서 쓰는 궁중문체로 성경이 번역되었다. 하지만 세월이 흐르면서 히브리어 구약 원본과 헬라어 신약 원본에 충실하면서도 이해하기 쉬운 우리말로 번역된 성경들이 꾸준히 나오는 추세다.

인간의 죄악과 욕심에도 불구하고 하나님의 말씀은 세상의 빛이 되어 동방의 작은 나라에 이르렀다. 새끼처럼 꼬아서 몰래 들여온 성경이 조선시대 유교사상에 물든 사람을 놀랍게 변화시켰다. 1866년, 제너럴 셔먼 호를 타고 복음을 전하기 위해 조선에 온 토마스 선교사는 대동강에서 순교했다. 그는 마지막 순간까지 하나님의 말씀인 성경을 건네주려고 애썼다. 그를 죽인 병졸 박춘권은 나중에 성경을 읽고 예수 그리스도를 믿게 되었다. 그리고 토마스 선교사에게서 성경을 건네받은 소년 최치량은 성경이 금서라는 걸 알고 두려워서 평양의 영문주사 박영식에게 주었다. 박영식은 질 좋은 종이로 만들어진 성경으로 방을 도배했고, 성경 벽지를 읽다가 예수 그리스도를 영접하고 구원을 얻었다. 그 집에 자주 놀러 왔던 최치량도 그리스도인이 되었다. 성경으로 도배한 이 집은 평양 최초의 교회인 널다리골 교회가 되었다. 널다리골 교회는 1907년 영적대각성운동이 일어났던 장대현교회의 전신이다. 또한 한국 기독교 초기에 권서인은 산을 넘고 돌에 맞으면서도 하나님의 말씀을 담대히 전했다.

이제 작은 자로부터 큰 자까지 다 하나님을 아는(히 8:11) 날이 왔다. 유럽을 공포에 떨게 한 사라센(이슬람) 사람까지도 성경을 읽기 바랐던 에라스무스의 소망이 드디어 이루어졌다. "나는 농부가 쟁기질을 하면서 성경을 흥얼거리는 날이, 직공이 실을 짜면서 성경을 흥얼거리는 날이, 여행자가 여행의 피곤함으로 지칠 때 성경의 이야기들과 함께 쉴 수 있는 날이 오기를 열망한다." 그런데 어찌된 일인지 오늘날 그리스도인은 성경을 읽지 않는다. 평신도가 성경을 공부하면 의혹의 눈초리를 보낸다. 종교개혁 500주년을 앞둔 지금 우리는 성경을 다시 사제(목사)들에게 주고는 "당신이 우리에게 말씀하소서 우리가 들으리이다 하나님이 우리에게 말씀하시지 말게 하소서 우리가 죽을까 하나이다"라고 한다.

성경은 '어린 양이 발목을 적시며 건널 수 있는 시냇물이며, 고래가 평생 헤엄쳐 다닐 수 있는 큰 바다다.'[5] 성경을 잘 모르는 사람이 읽어도 시원함을 느끼며 가볍게 시냇물처럼 건널 수 있고, 동시에 평생 성경을 연구해도 끝을 알 수 없는 심연을 만나게 되는 큰 바다이기도 하다. 시냇물에서 발목을 적시는 수준인지, 깊은 바다에서 헤엄치는 수준인지는 중요하지 않다. 직접 하나님의 말씀에 부딪혀 변화되는 것이 중요하다. 성경을 신학자와 목회자에게 넘겨준 채, 삶의 모든 문제에 답하시는 하나님에게서 멀어지고 있는 건 아닌지 자신을 돌아보라. 하나님은 그분의 말씀을 가까이하며 순종하는 사람을 찾으신다. 성경의 바다에 뛰어들어 하나님의 말씀에 깊이 잠기는 우리가 되자.

사탄의 전략 2_ 말씀과 관련된 사람을 죽여라

사탄이 구약시대의 한 사람을 암살한다면 아마도 아브라함, 모세, 다윗을 두고 고민할 것이다. 중요한 사람을 죽여야 전쟁에서 승리할 수 있기 때문이다. 사탄제일교회에 다니는 사탄 숭배자들은 기독교 지도자들이 타락하도록 기도한다. 사탄은 예수 그리스도의 십자가로 인해 전쟁에서 패배했지만 끝까지 발악하고 있다. 우는 사자와 같이 두루 다니며 삼킬 자를 찾고 있다. 하나님의 말씀과 관련된 지도자를 죽이려고 혈안이 되어 있다.

아브라함은 하나님의 말씀에 순종하여 가나안 땅을 향해 갔다. 하지만 가나안 땅에 기근이 들자 이집트로 내려갔고 그곳에서 아내를 빼앗길 뻔했다(창 12장). 또한 그랄에 가서 거주할 때도 아내를 빼앗길 뻔했다(창 20장). 아브라함이 아내를 빼앗기면 하나님이 언약하신 아들을 어떻게 얻을 수 있단 말인가?

모세는 태어날 때부터 생명의 위협을 받았다. 이집트 왕조는 이스라엘 노예의 노동력을 착취하여 곡식을 저장하는 성읍 비돔과 라암셋을 건설했다(출 1:11). 그런데 이스라엘 자손이 학대를 받을수록 번성하자 위협을 느낀 이집트 왕은 정책을 바꾸었다. 히브리 여인이 남자아이를 낳으면 모두 죽이라고 명령했다. 모세보다 세 살이 많은 아론이 별다른 설명 없이 살아 있었던 것을 보면, 남자 아기를 죽이는 정책은 아론이 태어난 이후에 시작되어 모세가 태어날 때 절정에 달한 것 같다.

다윗은 사울 왕에게 쫓기고 아기스 왕에게 잡혀 죽을 뻔했다. 전쟁터에서도 여러 번 죽음의 위기를 넘겼다. 유다 6대 왕 아하시야의 어머니 아달랴는 다윗 왕가의 남자를 모두 죽이려고 했다. 왕위를 물려줄 한 사람만 남기고 나머지를 죽인 게 아니다. 아달랴는 손자들까지 모두 죽였다. 아하시야의 사촌이나 조카, 친척을 죽였다면 왕권을 강화하기 위해 정적을 제거한다고 생각할 수 있다. 하지만 아달랴는 다윗의 씨를 몰살하여 다윗의 나라를 끊어 버리려 했다. 아하시야의 누이 여호세바가 아하시야의 아들 요아스를 빼내어 구하지 않았다면 다윗의 대는 끊겼을 것이다(왕하 11:2). 요아스는 대제사장 여호야다의 도움으로 왕위에 오르기 전까지 6년간 여호와의 성전에 숨어 지내야 했다.

예수님은 헤롯 왕 때에 유대 베들레헴에서 태어나셨다. 헤롯 왕은 동방박사들이 아기 예수를 찾아서 알려 주면 죽이려고 했다. 하지만 그 계획이 실패하자 베들레헴과 그 주변 지역에 사는 두 살 이하의 사내아이를 모두 죽여 버렸다. 베들레헴에서 왕이 탄생한다는 예언(미 5:2)은 엄마들의 통곡소리로 바뀌었다. 그러나 여자의 후손으로 오신 예수님은 사탄의 머리를 깨뜨리고 승리하셨다.

아브라함은 언약의 조상이 되었다. 모세는 이집트에서 종살이하던 이스라엘 백성을 데리고 나와 가나안 땅으로 인도하며 모세오경을 기록했다. 다윗은 이스라엘 왕국을 든든히 세우고 예수님의 조상이 되었다. 만일 이스라엘 백성을 가나안 땅으로 인도할 지도자를 죽인다면, 하나님의 계획을 망칠 수 있다. 다윗의 씨를 몰살하면 구원자는 태어나지 못할 것이다. 헤롯의 마음을 조종하여 메시아를 죽이면 로또 맞은 것이나 다름없다. 이처럼 사탄은 하나님의 말씀과 관련된 사람을 죽이려고 파라오, 아달랴, 헤롯의 마음에 죄악을 심었다.

하나님의 말씀을 선포하는 선지자는 죽임을 당했다. 예수님도 십자가에서 죽으셨고, 요한을 제외한 모든 사도가 순교했다. 사람들은 거짓 선지자를 환영하고 하나님의 말씀에는 귀를 닫아 버렸다. 하나님의 말씀을 전하는 사람은 멸시를 당하며 고난의 길을 걸어야 했다. 명예와 인기, 부와 권력, 성공과 축복은 선지자와 거리가 멀었다. 우리가 아는 '성공한 하나님의 사람'과 다르다. 사탄은 하나님의 말씀을 전하는 사람을 넘어뜨리려고 대규모 학살도 서슴지 않는다. 아벨의 후예가 끊이지 않는 것은 죄악이 판치고 있기 때문이다. 카타콤, 종교 전쟁, 민족 분쟁, 낙태 등으로 아벨의 죽음은 끊이지 않고 있다.

페이비안 선교사는 파푸아뉴기니에서 성경 번역 사역을 감당했다. 선교본부에서 고린도전서 13장을 번역할 때 그를 돕던 현지인이 "도끼를 들어 내리쳐라!"는 환청을 듣게 되었다. 19년간 성경 번역 사역에 힘썼던 페이비안 선교사는 현지 동역자의 손에 즉사하고 말았다.[6]

1978년 중국은 늘어나는 인구를 감당할 수 없게 되자, 한 가정에 한 자녀만 주민등록을 하는 '계획생육정책'을 시행했다. 둘째 아이부터는 주민등록(호구)을 하지 못하고, 벌금을 내며, 비싼 등록금을 내고, 공공 직장에 취직하지 못한다. 또한 남아선호사상이 강한 중국인들은 태아 성감별을 해서 여자아이이면 낙태를 했다. 2014년 기준으로 낙태 누적 건수가 4억에 달한다고 한다. 만일 낙태를 하지 못하고 여자아이를 낳으면 몰래 갖다 버려서 길거리와 고아원에는 여자아이들로 넘친다.

페이비안 선교사가 순교하자 그의 아내와 딸이 성경 번역 사역을 이어받아 5년 만에 성경 봉헌식을 했다. 길거리와 고아원에 버려진 중국의 여자아이들은 곳곳을 다니며 예수님을 전했다. 아마존의 아우카 부족에게 복음을 전하다 순교한 짐 엘리엇으로 인해 수많은 젊은이들이 선교사로 자원했다. 짐 엘리엇을 죽인 청년 키모는 아우카 부족 최초의 목사가 되어 다섯 선교사를 죽였던 팜비치 강가에서 그 선교사들의 두 아들에게 세례를 주었다. 이들은 모두 죽음을 두려워하지 않고 복음을 전했다. 사탄은 도적질하고 죽이고 멸망시키지만 하나님은 양으로 생명을 얻게 하고 풍성하게 하신다(요 10:10). 사탄은 죽음으로 우리를 위협하지만 하나님의 사람은 말씀으로 일어선다.

사탄의 전략 3_ 말씀이 살아 있는 땅을 빼앗아라

예루살렘 성에는 여덟 개의 문이 있다. 욥바 항구로 나가는 욥바 문(Jaffa Gate, 다윗 문), 시온 산으로 통하는 시온 문(Zion Gate), 베데스다 연못 곁에 있고 희생양들이 드나들던 사자 문(Lion's Gate, 양문, 스데반 문), 아름다운 미문(Golden Gate, 동문), 바울이 다메섹에 있는 성도를 잡으러 갈 때 지났을 다메섹 문(Damascus Gate), 제단의 재와 생활 쓰레기를 버리던 분문(Dung Gate, 실로암 문), 가장 마지막으로 만든 새문(New Gate), 헤롯 문(Herod's Gate)이 있다. "낙타가 바늘귀로 들어가는 것이 부자가 하나님 나라에 들어가는 것보다 쉽다"고 하신 말씀과 관련 있을 거라는 추측을 불러일으키는 바늘귀문은 큰 성문에 달린 쪽문을 말한다. 문은 드나들기 위해 만든다. 그런데 동문(미문)은 달랐다. 동문은 그 누구도 드나들지 못했다.

성경은 동문과 동쪽에 대해 다음과 같이 언급한다. 하나님은 범죄한 아담과 하와를 에덴 동산에서 내보내시고, 동산 동쪽에 그룹들과 두루 도는 불칼을 두셨다(창 3:24). 이스라엘이 광야에서 머무를 때 성소의 직무를 맡은 아론 자손은 성막 동쪽에 진을 쳤다(민 3:38). 엘리사 선지자는 요아스 왕에게 동쪽 창을 열고 활을 쏘라고 했다(왕하 13:17). 그룹들이 주님의 전으로 들어가는 동문에 머물고 하나님의 영광이 그들 위에 머물렀다(겔 10:19). 여호와의 영광이 동문을 통해 성전으로 들어갔다(겔 43:4). 성전에서 나온 물이 동쪽으로 흘러 나가서 바다를 살렸다(겔 47:8). 하나님이 동문으로 들어오셨기 때문에 아무도 드나들 수 없도록 잠가 두어야 한다(겔 44:2).

유대인을 구원할 메시아가 동문으로 온다고 하자, 터키의 술탄은 벽돌을 쌓아 동문을 성벽처럼 막아 버렸다. 그리고 자신들의 무덤을 밟고 지나가라고 동문 앞과 기드론 골짜기 사이에 있는 비탈을 이슬람 신도의 무덤터로 만들었다. 그 맞은편 감람산 기슭은 유대인의 무덤으로 가득하다. 유대인은 죽어서라도 예루살렘 성을 바라보는 자리에 묻히려고 한다. 유대인과 무슬림은 무덤까지 파헤치며 싸워서 지금도 무덤

파편이 곳곳에 널려 있다. 하나님의 말씀이 살아 있는 땅은 전쟁을 피해 가지 못한다.

주후 691년경, 압둘 말리크는 예루살렘 성전이 있던 자리에 오마르 사원(황금 돔 사원)을 세웠다. 오마르 사원은 메카의 카바 신전과 더불어 가장 중요한 이슬람 사원으로 마호메트가 승천한 곳이라고 전해진다. 통곡의 벽 바로 위에 오마르 사원이 있다. 유대인들은 이곳을 회복할 꿈을 꾸고 있다. 2010년 3월, '우리 땅 이스라엘'이라는 유대인 단체는 예루살렘과 이슬람 지역을 운행하는 버스 200여 대에 '거룩한 성전이 우리 시대에 속히 세워지게 하소서'라는 문구와 함께 오마르 사원이 없는 예루살렘의 모습을 담은 사진을 광고했다.

십자군과 무슬림 지도자 살라딘은 예루살렘을 두고 싸웠다. 예루살렘에는 아브라함이 이삭을 바친 모리아 산(창 22:2), 인구 조사를 한 다윗을 하나님이 벌하셨을 때 다윗이 제단을 쌓은 오르난의 타작 마당(대상 21:18), 솔로몬이 지은 성전이 있다. 예수님이 활동하신 흔적도 예루살렘 곳곳에 남아 있다. 그러므로 예루살렘은 사탄에게 눈엣가시다.

시오노 나나미의 『십자군 이야기 2』(*Story of the Crusades*)에 나오는 이야기를 흥미롭게 각색한 영화 '킹덤 오브 헤븐'(Kingdom of Heaven)은 예루살렘 성을 지키려는 기독교도와 예루살렘 성을 빼앗으려는 살라딘의 이야기를 그리고 있다. 예루살렘 성이 영화에서는 사막 한가운데 덩그러니 있지만, 실제로는 구릉이 이어진 740미터의 언덕에 위치해 있다.

이벨린의 영주 발리앙은 30만 대군을 이끌고 쳐들어오는 살라딘에 맞서, 노예를 기사로 임명하며 명예롭게 싸우라고 독려하여 소수의 병력으로 예루살렘 성을 지켜 낸다. 막대한 피해를 입고도 성을 점령하지 못한 살라딘은 평화 조약을 제안한다.

모든 그리스도인이 평화롭게 돌아가게 해달라는 조건으로 예루살렘을 살라딘에게 넘기는 회담 자리에서 발리앙이 묻는다. "예루살렘은 어떤 곳이오?" 살라딘은 "아무것도 아니다. 그리고 모든 것이다"(nothing and everything)라고 대답한다. 정말 기막힌 대답 아닌가! 예루살렘은 아무것도 아니지만 모든 것이기도 하다. 아름다운 경치도 없고 금이나 다이아몬드가 나오지도 않는다. 지리적 이점도 없고 주요 도시라면 으레 있는 강도 없다. 주변은 온통 광야와 메마른 골짜기뿐이다. 예루살렘 성벽보다 더 높은 언덕이 주위에 있으므로 전쟁에 유리한 위치도 아니다. 하지만 예루살렘은 하나님을 갈망하는 사람들의 마음을 여전히 사로잡고 있다. 하나님이 임재하신 곳이고, 하나님이 택하신 왕이 살던 곳이며, 하나님의 성전이 있는 곳이기 때문이다.

예루살렘이 이처럼 중요한 장소라면, 살렘 왕 멜기세덱(창 14:18) 때부터 하나님의 백성에게 주셨으면 좋지 않았을까? 멜기세덱이 예루살렘을 다스리고 그 후손들이 잘 지켜서 이스라엘 백성이 가나안에 들어올 때 연합전선을 형성했다면 좋지 않았을까? 그런데 가나안에서도 가장 강력한 민족이 예루살렘의 주인 노릇을 하고 있었다. 멜기세덱은 흔적조차 남지 않았고 여호수아와 갈렙도 예루살렘을 점령하지 못했다. 예루살렘에 살고 있던 여부스 거민은 다윗에게 "너는 여기에 들어올 수 없다. 눈 먼 사람이나 다리 저는 사람도 너쯤은 물리칠 수 있다"(삼하 5:6, 새번역)고 조롱할 정도로 강력했다.

예루살렘은 다윗이 성을 쌓고 솔로몬이 성전을 지은 뒤에도 끊임없이 위협을 당했다. 르호보암이 왕위에 오른 지 5년 만에 이집트 왕 시삭이 성전을 약탈했다. 느부갓네살 왕이 예루살렘 성벽을 헐고 하나님의 성전과 왕궁, 귀인들의 집까지 모두 불사른 주전 586년까지 예루살렘은 끊임없이 침략당했다. 이스라엘 왕이 하나님을 떠나면 어김없이 이방 민족이 쳐들어왔다. 그들의 최종 목표는 항상 예루살렘이었다. 하나님의 말씀이 살아 있는 땅은 끊임없이 위협당했다. 솔로몬이 지은 성전은 무너졌고 예루살렘은 황폐해졌다. '평화의 성'이란 뜻을 가진 예루살렘은 아이러니하게도 여전히 분쟁의 한가운데 있다.

비단 예루살렘뿐만이 아니다. 하나님의 말씀이 있는 곳은 어디나 어려움을 겪는다. 하나님의 말씀이 자리 잡은 곳에는 핍박과 유혹이 있다. 공산주의 국가는 교회를 멸절시켜 버린다. 문화혁명이 일어난 뒤 모택동의 부인 강청은 "중국에는 더 이상 교회가 남아 있지 않다"고 외쳤다. 북한의 사정도 별반 다르지 않다. 중국에서는 건물에서 쫓겨난 성도들이 눈을 맞으며 길에서 예배를 드린다. 이집트에서는 교회가 테러를 당했고 인도와 수단, 인도네시아에서는 교회가 불탔다. 탄자니아의 잔지

바 교회도 불탔고, 파키스탄의 온성도 교회는 폭탄 테러로 98명이 목숨을 잃었다. 하지만 잔지바 교회의 목사는 산상수훈의 말씀을 들어 교회를 불태운 무슬림에게 복수하지 말라고 외쳤으며, 온성도 교회의 성도 13퍼센트가 테러리스트를 용서한다고 말했다.[7]

교회를 무너뜨리려는 시도는 지금도 계속되고 있다. 사탄은 압력을 가할 수 없다면 왜곡해 버린다. 수많은 그리스도인이 성전이 없는 예루살렘, 하나님의 말씀이 없는 종교생활을 하면서도 부족한 것이 없다고 느낀다. 교회는 하나님보다 돈 이야기를 더 많이 하고, 하나님 나라보다 내부 문제에 더 신경을 쓴다. 예수님이 십자가에서 죽으심으로 성전 휘장이 찢어지고 하나님과 우리 사이에 막혔던 담이 허물어졌지만 우리는 다시 새로운 담을 쌓고 있다.

바벨론 포로 귀환 후 느헤미야는 폐허가 된 예루살렘에 성벽을 세우고 성문을 단다. 스룹바벨은 성전을 재건한다. 예배드릴 사람이 거의 남지 않은 예루살렘에서 땀을 흘린 이유는 하나님의 말씀이 살아 있는 땅이기 때문이다. 성전은 하나님의 백성을 모으는 구심점 역할을 한다. 하나님의 말씀이 선포되는 땅, 하나님의 말씀을 듣는 백성이 살아갈 땅이 얼마나 중요한지 모른다. 이곳에 말씀이 육신이 되어 우리 가운데 거하셨다. 예수님이 오셔서 성전이 되셨다. 하나님은 무너질 건물 대신 예수님의 이름으로 모인 교회 공동체를 주셨다. 우리 모두 예수님을 굳게 붙들고 말씀 가운데 거하자.

터키를 여행하던 중 무슬림 여행 안내자와 동행한 적이 있다. 밝고 활기찬 그 사람은 늘 친절하게 우리를 안내해 주었다. 활기차게 사는 비결이 무엇인지 묻자, 그는 자신이 한동안 우울증에 빠져 삶의 의미를 잃었는데 코란을 읽고 회복되었다고 말했다. 관광버스가 휴게소에 설 때마다 그는 따로 마련되어 있는 기도처로 가서 절차에 따라 손을 들었다 내렸다 귀에 붙였다 하며 기도했다. 겨울이라 걸친 옷이 많았는데도 윗옷을 거의 벗고 얼굴과 손발까지 씻었다. 우리가 사진을 찍고 떠들며 구경하는 동안 그는 홀로 조용히 기도했다.

신약성경의 배경인 터키를 여행하는 동안 나는 바울의 서신서를 묵상했다. 매일 저녁마다 술자리가 있었는데, 나와 무슬림 여행 안내자만 빠졌다. 다른 사람들은 우리 두 사람을 어떻게 생각했을까? 오늘날 대부분의 사람들은 무슬림 여행 안내자 같은 사람을 원한다. 신앙생활은 휴게실 구석에서 눈에 띄지 않게 혼자 하고, 다른 사람에게 종교를 강요하지 말라고 한다. 또한 천주교 사제가 절에 가서 웃으며 스님과 악수하는 모습에 박수를 보낸다. "예수님 외에는 구원이 없다", "성경만이 하나님의 말씀이다"라고 말하면 편협하다고 비웃는다. 하나님의 이름을 부르면서 '유일한 길'을 외치는 꼴통보다 가볍고 즐겁게 지내는 친구를 원한다.

내가 예수님을 믿는다고 하자 무슬림 여행 안내자가 이렇게 말했다.

"코란은 한 사람이 썼지만 성경의 사복음서는 네 사람이 썼습니다. 과연 어느 것이 더 믿을 만할까요?" 그는 신의 계시는 자격을 갖춘 한 사람을 통해 전해져야 한다고 주장했다. 하나님의 신비가 이 사람, 저 사람에게 마구잡이로 드러난다면 의심해야 한다는 논리다. 수많은 사람이 보았고 복음서를 쓴 사람도 네 명이나 되는 성경은 전혀 믿을 만하지 않다는 것이다. 법정에서는 네 사람이 같은 이야기를 하면 한 사람이 말한 것보다 더 확실하다. 하지만 무슬림 여행 안내자는 그렇게 생각하지 않았다. 예수님을 알기 원하는 서로 다른 기독 공동체들을 위해, 그분 계시의 절대성이 의심받을 위험까지 감수할 정도로 하나님이 피조물을 사랑한다고 여기지 않았다.

이 무슬림 여행 안내자처럼 자기 생각만 앞세워 판단하는 사람이 많다. 유다복음이 발견되었다고 하자, 그 내용과 배경을 잘 모르면서 성경의 권위를 의심한다. '다빈치 코드'가 성경을 무너뜨리는 증거라고 착각한다. 예수님과 제자들은 레오나르도 다빈치가 그린 '최후의 만찬'처럼 식탁에 앉아서 식사하지 않았다. 당시에는 식탁 주위의 긴 의자에 비스듬히 누워서 식사했다. 그림이 잘못되었는데도 사람들은 말도 안 되는 논리로 성경의 권위를 무시한다. 그러다가 안티 기독교 까페 같은 데서 성경을 반박하는 글을 읽고 '성경은 조작되었다'고 확신한다. 역사적·과학적 근거는 성경을 적당히 아는 사람의 허술한 마음을 공격한다.

오늘날 성경은 점점 믿지 못할 책으로 여겨지고 있다. 세상의 공격도

단단히 한몫하고 있다. 현대 사상가들은 성경을 사람이 쓴 글로 격하하고, 과학적으로 맞지 않는 부분을 골라내어 웃긴 이야기라고 폄하한다. 성경에서 몇 구절을 골라내어 여성비하 문서라고 말하며, 하나님은 폭군이라고 주장한다. 전문가 집단에서는 사본의 오류, 역사와 고고학 증거, 그럴듯한 논리를 대며 성경을 신화로 몰아간다. "정말 성경적 메시지라는 게 있는가?", "성경은 서로 모순된 견해들을 하나의 책에 모아 놓은 것에 불과하지 않은가?"부터 시작해서 "그런 메시지가 있다면 과연 누구의 해석이 옳은가?", "해석에 대해 모두 동의한다고 해도 누구의 적용이 맞는가?"라고까지 묻는다. 이런 질문은 우리를 허우적거리게 만든다.[8]

그러나 성경의 가장 큰 적은 하나님을 대적하는 무리가 아니다. 하나님을 믿는다고 하면서도 성경을 멀리하고 하나님의 말씀에 순종하지 않는 그리스도인이 성경의 권위를 약화시키고 있다. 성경을 서랍에 넣어 두고 자신의 필요에 따라 귀만 간질이는 말씀을 찾아 읽어서 마치 토정비결처럼 만들어 버린다. 하나님의 영감으로 기록된 성경은 선지자의 입을 통해 전해지고 순교자의 피로 기록되었다. 그러므로 우리 입맛에 맞게 해석하거나 우리가 필요할 때만 찾아 읽는 책이 아니다. 우리의 죄악이 성경의 권위를 무너뜨리고 있는 것이다.

예수님은 "진리를 알지니 진리가 너희를 자유롭게 하리라"고 말씀하셨다(요 8:32). 그러면 무엇이 진리인가? 예수님이 바로 진리다. 예수님을 계시한 구약, 예수님의 행적과 가르침을 기록한 신약이 진리다. 우리가 성경 말씀을 진리로 믿고 순종하며 살아간다면, 진리 안에서 자유로워질 것이다.

성경은 변증이 아니라 순종하는 제자를 요구한다. 우리가 성경을 변호하지 않아도, 진리의 말씀인 성경을 읽고 순종하면 하나님이 스스로 증거하신다. 피조물인 우리가 어찌 하나님을 보호할 수 있단 말인가! 존 블랜차드는 성경을 변증하려는 사람에게 말한다. "왜 사자를 보호하려고 하는가? 우리가 어떻게 사자를 보호할 수 있단 말인가! 그를 우리에서 풀어놓기만 하라. 성경은 사자와 같아서 풀어놓아 다니게 하면, 스스로 힘을 발휘할 것이다."[9] 성경은 스스로 역사한다. 성경이 하는 일을 보고 싶다면 하나님이 주신 말씀을 읽고 묵상하며 순종하라.

사탄의 전략 5_ 하나님의 말씀에 무뎌지게 만들라

에덴 동산은 슬픔이나 고통이 전혀 없는 완전한 하나님 나라였다. 날마다 수많은 문제와 씨름하는 우리와 달리 아담은 오직 두 가지만 지키면 되었다. "생육하고 번성하여 땅에 충만하라, 땅을 정복하라, 바다의 물고기와 하늘의 새와 땅에 움직이는 모든 생물을 다스리라." "선악을 알게 하는 나무의 열매는 먹지 말라." 큐티 본문, 암송 구절, 설교 본문이 모두 이 두 가지였을 것이다. 그런데 아담과 하와는 부족함이 없는 에덴 동산에서 죄를 짓고 말았다. 이런 사실을 보면, 어떤 환경이나 조건이 아니라 우리 자신이 문제인 것이다.

하와는 하나님의 말씀을 경홀히 여기고 무뎌져서 '반드시 죽으리라'(창 2:17)는 말씀을 '죽을까 하노라'(창 3:3)로 바꾸어 버렸다. 하나님이 '그렇다'고 하신 말씀을 '정말 그럴까?' 하며 의심했다. 우리는 하와의 후손답게 듣기 싫은 말씀에는 아예 귀를 막아 버린다. 이와 반대로, 말씀을 지나치게 적용하는 것도 위험하다. 선악과를 '먹지 말라'(창 2:17)는 말씀으로 만족하지 못해서 '먹지도 만지지도'(창 3:3) 못하는 대상으로 둔갑시켜 버린다. 쓸데없는 일에 목숨을 건 바리새인처럼 하나님이 허락하신 일조차 두려워하며 하나님께 나아가지 못한다.

하나님은 자기 형상대로 창조한 피조물이 타락하고, 가인이 아벨을 죽이는 죄악을 보셔야 했다. 죄악은 마른 풀에 붙은 불처럼 번져 홍수로도 제거되지 않았다. 결국 하나님은 마지막 심판을 계획하셨다. 자신이 저지른 죄의 결과를 하나님께 떠넘기며 '왜 악을 허용하시느냐'고 외치는 인간에게 하나님은 독생자를 보내 주셨다. 이처럼 하나님의 사랑은 우리의 상상을 뛰어넘는다. 신실하고 영원하시며 변함이 없으시다.

바울은 로마, 고린도, 에베소, 빌립보, 골로새 교회에 편지를 보내면서 '성도'(聖徒)라고 쓴다. 성도는 거룩한 무리, 즉 하나님의 이름으로 모인 백성을 말한다. 성도는 죄를 미워하고 하나님의 영광을 위해 사는 사람이다. 그런데 바울이 편지를 보낸 교회들은 문제가 많았다. 고린도 교회는 성도가 서로 분쟁하고 교만했으며 음행을 저질렀다. 에베소 교회는 여성들이 말썽을 일으켰다. 빌립보 교회는 지도부가 다투었고, 골로새 교회는 율법 의식 문제로 싸웠다. 거룩한 무리인 성도가 전혀 거룩하지 않은 모습을 보였다.

가말리엘 문하에서 배우고 기독교의 기초체계를 세운 바울이 거룩함을 구별하지 못했을까? 히브리인 중의 히브리인이고, 정통 바리새인이며, 율법의 의로는 흠이 없는 바울은 거룩함의 의미를 분명히 알았다. 그런데도 흠이 많은 사람들을 성도라고 불렀다. 죄인을 의롭다고 여겨 주시는 하나님의 눈으로 그들을 바라보았기 때문이다. 성도는 율법의 의로는 흠이 있지만 하나님의 은혜로 구원받은 사람이다. 행한 것이 없어도 하나님이 의롭다고 여겨 주시는 복을 받는 사람이다(롬 4:6).

이처럼 성도는 예수 그리스도의 십자가를 힘입어 구원받은 사실을 믿음으로 고백하는 사람이다. 그런데 오늘날은 집사나 권사나 장로 직분을 받지 않은 평신도를 성도라고 부른다. 예수님이 누구신지 모르고, 신앙 고백이 무엇인지 모르는 사람을 성도라고 부른다. 교회를 오랫동안 다닌 사람에게 성도라고 부르면 자신을 무시한다고 화를 내기도 한다. 우리는 성도의 고귀함이 무엇인지 모르는 시대를 살고 있다.

집사 직분의 가치도 떨어져 버렸다. 초대교회 집사 스데반은 사람들의 마음을 찌르는 설교를 할 만큼 뛰어났다. 그는 보좌에서 일어서신 예수님을 바라보며 순교했다. 오늘날에는 스데반이 말한 바를 이해하지 못하는 집사가 너무 많다. 은혜와 감사, 기쁨에 무딘 그리스도인이 많다. 하나님을 모르는 성도, 교회를 돌보지 않는 집사, 말씀으로 권면할 줄 모르는 권사, 어른으로 존경받지 못하는 장로, 하나님을 두려워하지 않는 목사들이 넘쳐 나고 있다. 하나님이 주신 직분에 대한 인식이 무뎌졌기 때문이다.

어떤 자극이 계속되면 감각기관이 차츰 적응하여 '무덤덤한 상태'가 되는 생리적 적응현상이 일어난다. 누군가가 이런 말을 했다. "옷 입는 방식, 말하는 방식, 고유의 예술과 음악 등 기독교 고유의 모든 것과 더불어 '기독교 문화'가 발전한다. 유감스럽게도 오랜 시간에 걸쳐 기독교 문화에 동의하는 것이 그리스도인으로 회심하는 것과 혼동되기 시작한다. 어떤 사람이 그 문화권의 일원이 되어 조직의 독특한 일들을 행하면, 비록 성령의 초자연적 개입이 없더라도 회심한 것으로 인정된다."[10]

대부분의 그리스도인들이 은혜, 믿음, 기도라는 단어를 자주 쓰지만 정작 그 뜻은 모른다. 복음, 믿음, 영성을 모호하게 받아들인다. 복음은 하나님께로 가는 유일한 길인 예수 그리스도다. 우리 죄를 담당하신 예수님이 복음이다. 믿음은 인간으로서는 하나님께로 갈 수 없다는 깨달음, 예수님만이 우리를 의롭게 하신다는 고백이다. 영성은 내가 그리스도와 함께 십자가에 못 박혔다는 고백을 일상에서 살아 내는 것이다. 그러나 오늘날은 복음을 하나님이 주신 복, 삶이 행복해지는 것으로 여기는 것 같다. 믿음은 감정을 끓어오르게 하는 것으로, 영성은 특별한 능력으로 바꾸어 버렸다. 고민하며 하나님을 치열하게 찾는 과정은 없애

버리고, 복만 받으면 되는 결과 위주의 신앙으로 변질되고 있다.

한국기독교목회자협의회 조사에 따르면, 많은 그리스도인이 '마음의 평안'(38.6%) 때문에 신앙생활을 한다고 한다. '축복' 때문에 신앙생활을 한다는 사람도 점차 늘어나는 추세다. 1998년에는 6.5퍼센트, 2004년에는 7.1퍼센트였고, 2012년에는 18.5퍼센트로 늘었다. 반대로 '구원과 영생' 때문에 믿는 사람은 16퍼센트나 줄었다. 예수님을 믿는 사람과 믿지 않는 사람의 생각이 비슷해져 간다. 물론 하나님은 축복과 확신, 체험을 통해서도 일하신다. 하지만 이것이 복음, 믿음, 영성의 자리를 차지할 수는 없다.

이스라엘 백성은 광야에서 수많은 체험 교육을 받았다. 하나님의 말씀을 암송하고 노래로 만들어 부르기도 했다. 하지만 죄악으로 인해 무너지고 말았다. 하와가 하나님의 말씀을 경홀히 여기지 않고 순종했다면 어땠을까? 아마 예수님이 십자가에 못 박히지 않아도 되었을지 모른다. 우리가 하나님의 말씀에 무뎌지지 않으려면 어떻게 해야 할까? 하나님의 말씀이 우리의 피와 살이 되고 관절과 골수를 찔러 쪼개도록 씹어 삼켜 소화해야 한다. 씹어 삼켜 소화하는 과정을 묵상이라고 한다. 말씀을 깊이 묵상하면 죄악의 뿌리가 건드려진다. 날마다 성경을 읽고 묵상하면 하나님께 민감해질 것이다.

사탄의 전략 6_ 성경을 '편협한 이야기'로 전락시켜라

중학생 자녀를 둔 부모가 이런 질문을 한 적이 있다. "저희 아이는 하나님이 잔인한 분처럼 느껴져서 믿지 않겠다고 합니다. 사랑의 하나님이 어떻게 가나안 백성을 진멸할 수 있느냐고 묻는데 제가 어떻게 대답해야 할까요?" 이스라엘이 첨단 무기를 동원하여 가나안을 점령했다고 생각하는 사람이 있을지도 모르겠다. 하지만 이스라엘은 강하지 않았다. 이스라엘 백성은 스파르타쿠스처럼 전투에 단련된 반란군이 아니라 벽돌을 굽는 노예였다. 아말렉과의 전쟁에 참전했던 사람들은 대부분 죽었고, 광야에서 40년간 떠돌던 사람들만 남아 있었다. 전투 경험이 없는 그들은 낯선 가나안 땅에서 제대로 된 무기도 없이 싸웠다.

그에 반해, 전투에 잔뼈가 굵은 가나안 군인들은 익숙한 지형에서 첨단 무기를 가지고 싸웠다. 만일 이스라엘에 위대한 지도자가 있다면 그나마 승리할 가능성이 있을 것이다. 여리고 성을 무너뜨린 여호수아는 위대한 알렉산더 대왕이나 이순신 장군처럼 보였다. 둘레가 5킬로미터가 넘는 성을 돌 하나 던지지 않고 무너뜨렸으니 이 얼마나 대단한 지도자인가! 하지만 곧이어 벌어진 아이 성 전투에서 이스라엘은 패배하고 만다. 유능한 지도자라면 그 상황에서 어떻게 할까? 60만 군사 중 36명쯤 잃었으니, 전력 손실이 거의 없었다. 아간의 범죄로 인해 하나님이 이스라엘에 진노하셨으니 회개하고 다시 싸우러 가면 된다.

그런데 여호수아는 "옷을 찢고 이스라엘 장로들과 함께 여호와의 궤 앞에서 땅에 엎드려 머리에 티끌을 뒤집어쓰고 저물도록" 있었다(수 7:6). 백성들의 사기를 북돋아서 전투를 이끌어야 할 지도자가 옷을 찢고 티끌을 뒤집어쓰고 이렇게 말했다. "슬프도소이다 주 여호와여 어찌하여 이 백성을 인도하여 요단을 건너게 하시고 우리를 아모리 사람의 손에 넘겨 멸망시키려 하셨나이까"(수 7:7). 단지 36명이 죽었는데 그 반응이 지나치다. 하나님이 "일어나라 어찌하여 이렇게 엎드렸느냐"라고 말씀하실 정도였다(수 7:10).

다시 말하지만, 이스라엘의 무기나 지도자가 뛰어나서 승리한 것이 아니다. 하나님은 싸우라고 하지 않고 여리고 성을 돌라고 하셨다. 첨단 무기, 작전 회의, 뛰어난 전략이 없었다. 앞 사람을 쫓아가며 돌다가 소리만 지르면 되었다.

이스라엘의 순종 여부에 따라 전투의 승패가 달라진다. 그러면 이스라엘이 하나님께 순종하기만 하면 가나안은 몰살당해도 좋다는 말인가? 가나안이 선한 민족인데도 하나님이 몰살하시는 것인가? 아브라함이 하나님의 말씀에 순종하여 가나안 땅에 이르렀을 때 곧바로 가나안 민족을 몰아내고 그 땅을 주실 수도 있지 않았을까? 그러나 하나님은 그렇게 하지 않으신다. 아모리 족속의 죄악이 아직 가득 차지 않았으므로 아브라함에게 기다리라고 말씀하셨다(창 15:16). 이스라엘은 400년이 지난 뒤 그 땅을 얻게 된다.

이스라엘이 무력으로 가나안을 점령한 것이 아니었다. 가나안이 죄악에 빠져 스스로 무너진 것이다. "이 민족들이 악함으로 말미암아 네 하나님 여호와께서 그들을 네 앞에서 쫓아내심이라"(신 9:5). 이스라엘이 의롭게 살고 있는 가나안에 침략하여 평화를 깨뜨린 것이 아니었다. 하나님은 노예 근성에 사로잡힌 연약한 민족을 사용하셔서 강력하지만 죄악으로 가득한 나라를 어떻게 심판하는지 보여 주신다. 전쟁은 여호와께 속해 있다. 가나안이 자신들의 죄악 때문에 멸망한 것처럼, 이스라엘 역시 죄악 가운데 거하면 멸망의 길을 걷게 된다. 이후의 역사가 증명하는 것처럼 말이다.

죄의 심각성을 모르면, 심판하시는 하나님을 비난하게 된다. 소돔과 고모라의 죄악은 보지 않고 결과만 따지게 된다. 기독교가 로마의 종교가 된 이후 하나님의 이름을 빙자하여 저지른 악행을 보고 많은 사람이 하나님을 비난했다. 굳이 십자군 원정과 유대인을 핍박한 역사를 살펴보지 않더라도, 20세기 역사만으로 이 사실을 알 수 있다. 예수님이 우리 죄 때문에 십자가에서 죽으셔야 할 정도로 죄 문제는 심각하다. 이 사실을 모르는 사람은 하나님이 잔인하다고 말한다.

마침내 가나안을 정복한 이스라엘은 하나님의 말씀에 순종하여 가나안 민족을 멸절했을까? 사사기 1장을 보면, 이스라엘 각 지파가 가나안 사람을 쫓아내지 못하고 그대로 두었다는 것을 알 수 있다. 그러자 남아 있는 가나안 사람이 이스라엘을 압제하기 시작했다. 이스라엘 백성을 메뚜기처럼 산과 동굴로 몰아붙였다. 사람들이 하나님을 잔인하다고 말하는 까닭은 성경을 제대로 읽지 않아서다. 하나님은 이스라엘을 강대국으로 만들어 주변의 모든 나라를 통치하려고 하신 것이 아니다. 하나님이 택하신 '젖과 꿀이 흐르는 땅'은 서쪽으로는 지중해, 동쪽으로는 광야 사이에 낀 좁은 땅이다. 강대국으로 발전할 가능성이 전혀 없는 땅이다. 강원도보다 작은 땅에서 수십 명의 왕이 다투던 좁은 동네였다. 하나님이 약한 상대를 진멸하라고 하신 적은 한 번도 없었다. 하나님을 의지해야 살아갈 수 있는 좁은 땅, 강한 자들 사이에 이스라엘을 보내시고 믿음을 보이라고 하셨다.

앞서 질문한 중학생 자녀가 이 대답에 만족한다고 해도, 여전히 스마트폰 사용 기준이나 학교 폭력을 해결할 방법은 나오지 않는다. 왕따를 당하는 아이, 성적이 나쁜 아이, 교회에 안 다니는 가족에 대해 성경은 일일이 답하지 않는다. 그래서 성경에서 해답을 찾는 일이 대책 없는 입씨름처럼 보이고 어렵게만 느껴진다. 하나님께 부름받은 선지자조차 하나님의 말씀에 당황할 정도였으니 우리는 오죽하랴! 성경은 우리가 원하는 대답만 들려주지 않는다. 말씀하시는 하나님의 마음을 우리가 그분의 성품에 기대어 '읽어 내야' 한다. 하나님은 일반 원리를 이야기하시며, 성경을 붙들고 살라 하신다. 성경을 해석하려면 창의성과 영감, 주의 깊은 분석력이 필요하다.[11]

그러나 우리는 성경을 읽고 깊이 묵상하지 않을뿐더러 하나님의 대답을 기다리지도 않는다. 욥기 2장에서 곧장 42장으로 뛰어넘기 원한다. 욥은 열 명의 자녀와 많은 재산을 잃고도 하나님에 대한 믿음을 잃지 않았다. 엄청난 고난 가운데서도 하나님을 바라보았다. 우리는 "하나님이 욥에게 응답하셔서 모든 것을 회복시키셨다. 할렐루야! 아멘"이라는 내용이 욥기 3장쯤에 나오기 원한다. 욥기 42장까지 기다리며 성경을 읽어 낼 능력이 없다. 성경이 아니라 우리가 편협한 것이다.

성경을 고리타분하고 편협한 이야기로 치부하지 말라. 성경은 지금 여기에서 내게 들려주시는 하나님의 말씀이다. 하나님은 오래전 여리고 성과 아이 성 전투 이야기를 통해 오늘날 가정과 직장, 교회에서 고민하는 우리에게 말씀하신다. 그런데 우리는 왜 하나님의 말씀을 듣지 못할까? 하나님을 의지하지 않고 우리 마음대로 살기 때문이다. 성경 말씀이 우리와 상관없다고 생각하기에 하나님의 음성이 들리지 않는 것이다. 하나님은 지금도 외치고 계신다. "어리석고 지각이 없으며 눈이 있어도 보지 못하며 귀가 있어도 듣지 못하는 백성이여 이를 들을지어다"(렘 5:21).

사탄의 전략 7_ 기독교의 절대 진리를 매도하라

기독교윤리실천운동을 비롯한 여러 단체에서 종교 호감도를 조사한 결과에 따르면 천주교, 불교, 개신교 순이라고 한다. 천주교와 불교에 비해 개신교 신뢰도는 그 절반밖에 안 된다. 과거에 천주교는 마녀사냥을 하며 많은 사람을 고문하고 죽였다. 불교 역시 백성을 억압하고 자기 배를 채웠다. 개신교도 하나님의 이름을 빙자하여 악행을 저질렀다. 인간은 모두 죄악과 욕심을 향해 달려간다. 의인은 없나니 하나도 없다. 그러므로 종교 신뢰도의 차이가 별로 없어야 한다. 그런데 왜 개신교만 유독 편협하고 믿을 만하지 않다고 평가받는 것일까?

어떤 불미스러운 일이 일어나면, 위계질서가 명확한 천주교에서는 추기경이나 교구장의 명령에 따라 처리한다. 공개사과를 하든 변호를 하든 권위로 깔끔하게 해결한다. 불교는 떠들썩한 사건이 아니라면 당사자에게 맡긴다. 시간이 지나면 잊혀지게 마련이기 때문이다. 개신교는 당사자가 죄를 고백해도 용서해야 한다는 편과 쫓아내야 한다는 편으로 나뉘어 서로 싸운다. 재판하면서 싸우고 법정 판결이 나도 '모함이다', '하나님을 섬기다 고난당한다' 하면서 계속 버틴다.

신도의 돈으로 성당과 절이 점점 커진다. 성당은 외형이 별로 변하지 않는다. 절은 건물이 커지고 많아진다. 등을 달고 받은 돈, 기와에 이름을 써 주고 받은 돈, 49제 해주고 받은 돈 등 불특정 다수가 낸 돈이 많다. 개신교인은 자신이 출석하는 교회에 헌금을 한다. 그 교회에서 예배를 드리고 봉사를 하며 교회 건물을 세운다. 그러다 보면 하나님 나라가 아니라 내가 열정을 다해 일으켜 세운 '내 교회'가 되어 버린다. 어떤 문제가 생기면 당연히 '내가' 앞장선다. 목사 청빙 문제부터 성 추문 문제까지 '내가' 해결하려 한다. 그러니 조용해질 리가 없다.

천주교의 가르침은 그 범위가 일정하다. 개혁파와 보수파로 나뉘지만 교황의 권위에 순종한다. 불교 신도는 개인의 목적을 위해 기도하러 가거나 수행한다. 자신이 부처의 직통 계시를 받았다고 말하는 스님은 없다. 특별하다고 해봐야 점을 잘 치는 수준이다. 개신교에서는 성경 말씀을 해석하는 사람이 하나님을 대리한다고 착각하는 경우가 많다. 그래서 한 사람의 생각에 흔들려서 다툼이 일어나기 십상이다. 한 교회 안에서 싸우고 교회끼리 싸우고 교단끼리 싸운다. 나쁜 짓을 똑같이 하면서도 자신은 진리에 서 있다고 주장한다. 죄인들이 모여 오글거리면서 말로만 진리를 외치는 것처럼 보인다.

천주교는 인기가 많다. 정의를 구현하고 평화를 추구하며 가난하고 소외된 사람들을 돕는 선한 단체라고 칭찬받는다. 이런 활동들이 귀하지만 이것만 보면 안 된다. 천주교는 겉보기와 달리 편협하다. 신앙교리성에서 의견을 통제한다. 그들은 '마리아를 4위 하나님으로 인정하자'거나 '천주교 외에는 구원이 없다'는 이야기를 공공연하게 하지 않는다.[12] 천주교만의 진리를 갖고 있지만 공론화시키지 않는다.

우리에게 친숙한 불교는 인간적인 종교라 할 수 있다. 욕심을 버리고 마음을 비우는 게 가능하다는 뜻으로 인간적이라고 말하는 게 아니다. 백 번 절한 사람보다 천 번 절한 사람에게 더 좋은 일이 생긴다는 믿음, 정성을 들인 만큼 보답을 받는다는 믿음이 인간적이라는 뜻이다. 예수님이 나를 위해 죽으셨다고 믿기만 하면 구원받는다는 선포는 합리적으로 들리지 않는다. 극악무도한 살인자라도 예수님을 믿고 자신이 죄인이라고 고백하면 하나님의 자녀가 되는 것은 이해하기 어렵다. 하루 종일 일한 사람과 한 시간 일한 사람이 같은 품삯을 받는다는 말씀은 매우 불편하다. 먼저 된 자가 나중 되고 나중 된 자가 먼저 된다는 이야기를 '교만하지 말라'는 교훈 정도로 받아들여야 마음이 편하다. 실제로 그런 일이 일어나면 속이 뒤집힌다. 하지만 불교는 이처럼 급진적인 이야기를 하지 않는다.

천주교와 불교는 서로를 인정하며 용납한다. 그들은 함께 손잡고 일하지만 개신교는 그렇지 않다. 우리의 행동이 바르다면 괜찮겠지만, 그들과 같은 모습으로 살면서 우리만 옳다고 주장하는 것처럼 보인다. 그들은 우리에게 바른 행동을 요구하며 기독교의 진리를 거부한다. 이 지경까지 이른 것은 모두 우리의 잘못이다. 물론 우리는 예수님의 이름으로 겉옷뿐 아니라 속옷까지 내어 주고, 5리가 아니라 10리까지 함께 가 주는 선한 이웃이 되어야 한다. 그러나 하나님의 절대 진리를 선한 행위와 바꿀 수는 없다. 그것은 우리를 미혹하는 거짓 진리다.

로마 시대에는 그리스도인을 '사람의 피를 마시는 무리'로 몰아세워 죽였다. 중국은 문화혁명 당시 교회를 '외국 세력의 앞잡이'로 매도했다. 교회는 무너졌고 그리스도인은 찾아보기 어려웠다. 하지만 로마와 중국의 그리스도인들은 핍박 가운데서도 빛과 소금의 역할을 감당했다. 로마는 편협하고 이상한 집단으로 손가락질하던 기독교를 끝내 이기지 못했다. 중국은 하나님의 손에 붙들린 '소수'가 어떤 변화를 일으키는지 여실히 보여 주었다. 오직 그리스도만이 유일한 구원자라는 절대 진리를 붙들고 승리했다.

오늘날 개신교는 중세 시대에 천주교가 걸었던 길을 걷고 있다. 성도 스스로가 하나님의 말씀을 먹지 않고 무조건 '우리 목사님'을 따른다. 능력이란 말은 종과 어울리지 않는데 자꾸만 '능력 있는 종'을 내세운다. 종들이 서로 높은 자리를 차지하려고 싸운다. 교단 총회에서는 어린아이도 비웃을 만한 일들이 일어난다. 거룩한 무리인 성도가 하나님을 모르는 사람과 똑같이 행동한다. 예수 그리스도가 유일한 구원자라는 진리를 갖고 있지만, 거룩하게 살지 않기 때문에 세상은 우리를 '편협하다'고 손가락질한다. 원래 진리는 편협하다. 진리는 결코 타협하지 않으며 스스로를 변호한다. 우리는 다른 사람들에게 한없이 부드러운 태도를 유지하되, 하나님이 주신 진리의 말씀은 타협하지 말아야 한다. 하나님의 진리대로 살아가는 사람은 진리를 드러내고 있는 것이다.

이 세대는 하나님의 말씀을 향한 간절함과 진정성을 잃어버렸다. 성경이 점점 낯선 책이 되어 가고 있다. 성도라 불리는 사람 중 성경을 일주일에 한 번도 읽지 않는 사람이 무려 68퍼센트라고 한다.[13] 성경을 읽지 않으면, 편협한 자기 생각을 하나님의 뜻이라고 우기게 된다. 진리가 우리를 자유롭게 해야지, 우리가 마음대로 진리를 다루면 안 된다. 우리가 "주여 주여 제가 주의 이름으로 기도하고, 주의 이름으로 회사를 경영하며, 주의 이름으로 행복하게 살았습니다. 저를 모르십니까?" 할 때 예수님이 "네가 만든 주님, 내가 말하지 않은 계명을 가지고 네가 원하는 대로 살았구나. 나는 도무지 너를 모르겠다" 하시지 않을까!

하나님이 우리에게 주신 성경은 변혁적 능력을 갖고 있다. "아무 생각 없이 읽어도, 나는 절대로 안 변할 거라고 다짐하며 읽어도, 성경은 여지없이 우리를 무너뜨리고 굴복시킨다. 우리의 생각과 마음, 삶을 뜯어고치시는 하나님은 죽어라 안 변하는 우리를 그분 자신이 죽어서까지 개혁하신다."[14] 기독교의 절대 진리는 말씀을 읽고 행하는 제자의 삶을 통해 드러난다.

2장

성경: 하나님이 들려주신 언약 이야기

땅은 천국으로 가득하고 온갖 관목은 하나님으로 불타고 있다.
오직 그것을 보는 사람만이 신발을 벗는다.
나머지 사람들은 주위에 둘러앉아 검붉게 익은 딸기를 따고 있다.

- 엘리자베스 브라우닝 -

성경은 하나님의 언약이 담긴 책이다. 오래된 약속인 구약 39권, 새로운 약속인 신약 27권으로 이루어져 있다. 오래된 약속을 알면, 새로운 약속이 풍성하게 다가온다. 하나님이 아주 오래전부터 우리를 위해 예수 그리스도를 예비하셨음을 깨닫게 된다. 대부분의 그리스도인이 예수님과 바울은 어느 정도 알지만 구약은 미로처럼 여긴다. 성경의 인명과 지명, 일어나는 사건이 낯설어 길을 잃고 헤매기도 한다.

위대한 신학자 디트리히 본회퍼는 이렇게 말했다. "내 생각과 감정은 점차 구약의 생각과 감정에 가까워지고 있소. 최근 몇 달간 나는 신약보다는 구약을 더 많이 읽었소. 우리가 하나님의 이름을 함부로 부를 수 없다는 사실을 알 때만, 예수 그리스도의 이름을 부를 수 있소. 우리의 생명과 이 땅을 너무 사랑하기 때문에 이것들 없이는 모든 게 끝난 것처럼 보일 때만, 비로소 부활과 새 땅을 믿을 수 있는 거요. 우리가 하나님의 율법에 굴복할 때만, 은혜를 이야기할 수 있소. 하나님의 진노와 원수 갚음이 적들의 머리에 냉엄한 현실로 나타날 때만, 그들을 사랑하고 용서하는 게 무엇을 의미하는지 이해할 수 있기 때문이오."[1]

구약을 제대로 알면, 예수 그리스도를 더 깊이 있고 풍성히 알게 된다. 하나님이 이 땅에 예수님을 보내시기 전에 계시하신 말씀이 구약이다. 범죄한 인간과 맺은 하나님의 언약과 복음의 필요성이 구약 곳곳에 드러나 있다. 신약의 복음서는 복음이신 예수 그리스도를 소개하고, 서신서는 복음으로 살도록 가르친다. 요한계시록은 우리에게 새로운 소망, 복음의 완성을 보여 준다. 우리는 구약과 신약에 모두 발을 딛고 살아간다.

성경은 주전 1500년경 모세를 시작으로 하여 주후 100년경 요한이 계시록을 쓸 때까지 40여 명의 저자들이 기록한 것이다. 구약은 히브리어로, 신약은 헬라어로 기록되었다. 에스라서와 다니엘서 일부는 포로시대 점령국의 언어인 아람어로 기록되었다. 1600년 역사 가운데 40명을 뽑아 글을 쓴다면 어떨까? 삼국시대 역사가(모세), 고려시대 왕(다윗), 조선 말 혼란한 시대를 사는 농부(아모스), 일본에 끌려간 징용자(에스겔)가 쓴 글이 통일성을 갖기는 어려울 것이다. 시대가 다르고, 환경이 다르며, 직업과 학업 수준이 천차만별이기 때문이다. 하지만 성경은 1600년의 시간, 다양한 기록 장소, 40명의 관점 등을 뛰어넘어 '하나님의 언약'을 일관성 있게 보여 준다. 정말 놀랍지 않은가! 성경이 하나님의 영감으로 기록되지 않았다면 불가능한 일이다.

양피지에 기록된 두루마리 성경에는 장과 절 구분이 없었다. 누가복음 4장 16-19절을 보면 이 사실을 알 수 있다. "예수께서 그 자라나신 곳 나사렛에 이르사 안식일에 늘 하시던 대로 회당에 들어가사 성경을 읽으려고 서시매 선지자 이사야의 글을 드리거늘 책을 펴서 이렇게 기록된 데를 찾으시니 주의 성령이 내게 임하셨으니 이는 가난한 자에게 복음을 전하게 하시려고 내게 기름을 부으시고 나를 보내사 포로된 자에게 자유를, 눈 먼 자에게 다시 보게 함을 전파하며 눌린 자를 자유롭게 하고 주의 은혜의 해를 전파하게 하려 하심이라 하였더라." 예수님이 이사야서 61장 1절부터 읽었는데, 장과 절 구분이 없어서 '이렇게 기록된 데'를 찾으신 것이다. 유대인들은 오래전부터 회당에서 읽기 쉽게 주제별로 성경의 문단을 나누거나 한 줄을 띄어서 구분했다고 한다. 회중 앞에서 히브리어 성경을 낭독할 때 통역자가 아람어로 번역할 수 있도록 일정하게 끊어서 읽었는데, 이것이 나중에 절을 구분하는 것으로 발전했다고 볼 수 있다. 주전 1-2세기에 히브리 학파가 구약성경에 절을 붙이기 시작했고, 이후 6세기에는 구약성경의 절 구분에 해당하는 표시들이 히브리어 성경에 첨가되었다.

성경의 장 구분은 영국 파리대학 교수 출신으로 훗날 캔터베리 대주교가 된 스티븐 랭튼이 13세기 초반에 붙였다. 그리고 오늘날 우리가 보는 성경의 절은 16세기 중반에 인쇄업자 로베르 에티엔이 구분한 것이다. 그는 파리에서 그리스어와 라틴어로 된 신약성경을 출판하면서 기존에 구분된 장에 다시 절을 구분했다.[2] 전해지는 말에 의하면, 에티엔은 리옹에서 파리로 가는 마차 안에서 절을 구분했다고 한다. 그래서 절이 문장을 갈라놓고, 장이 연결을 방해하는 곳이 있다. 성경에 (없음)

이라고 표시한 부분 역시 절을 잘못 붙여서 생긴 것이다. 그러므로 장과 절에 매이지 말고 성경을 읽어야 한다.

오래전부터 인간은 가뭄이나 홍수, 전염병을 보내는 신을 달래려고 제물을 바쳤다. 신을 달래는 제사이지만 신은 개입하지 않는다. 제물, 제사 방식, 때와 장소는 신과 소통한다고 주장하는 사람이 정했다. 신을 위한 제사에서도 인간이 주인공이다. 그러나 하나님은 죽은 우상이 아니라 온 세상을 창조하고 다스리시는 분이다. 창조주 하나님은 인간을 지으시고 그들과 언약을 맺으신다. 창세기 15장에 보면, 하나님이 아브람과 언약을 맺는 내용이 나온다. 자녀가 없는 아브람에게 하나님이 나타나 상속자를 주겠다고 약속하신다. 밤하늘을 수놓은 별처럼 많은 자손을 주겠다고 말씀하신다. 아브람이 하나님을 믿자 하나님은 아브람의 믿음을 의로 여기신다. 하나님은 아브람에게 가나안 땅을 주실 것을 약속하며 언약의 증거로 제물을 바치라고 말씀하신다. "나를 위하여 삼 년 된 암소와 삼 년 된 암염소와 삼 년 된 숫양과 산비둘기와 집비둘기 새끼를 가져올지니라"(창 15:9).

아브람은 하나님의 말씀에 순종하여 제물을 드린다. 인간이 정한 방식으로 제사를 드리면 신이 응답하지 않는 게 당연하다. 그러나 하나님의 요구대로 제사를 드린 아브람은 하나님이 응답하실 때까지 기다려야 한다. 해가 질 무렵 아브람이 깊이 잠들어 어둠과 공포에 짓눌릴 때 하나님이 말씀하셨다. "너는 반드시 알라 네 자손이 이방에서 객이 되어 그들을 섬기겠고 그들은 사백 년 동안 네 자손을 괴롭히리니 그들이 섬기는 나라를 내가 징벌할지며 그 후에 네 자손이 큰 재물을 이끌고 나오리라 너는 장수하다가 평안히 조상에게로 돌아가 장사될 것이요 네 자손은 사대 만에 이 땅으로 돌아오리니 이는 아모리 족속의 죄악이 아직 가득 차지 아니함이니라"(창 15:13-16). 마침내 해가 지고 어둠이 짙게 깔리자 연기 나는 화덕과 횃불이 갑자기 나타나서 쪼개 놓은 희생제물 사이로 지나갔다. 하나님과 아브람의 언약이 체결된 것이다.

우리는 아브라함을 '믿음의 조상', '복의 근원'이라고 부른다. 그의 믿음이 좋아서 복을 받았다고 생각한다. 그러나 창세기 15장을 주의 깊게 읽어 보라. 하나님은 아브람에게 '400년 노예살이'를 약속하신 것이다. 이집트에서 재물을 가지고 탈출하여 잘 살겠지만 400년 뒤에 일어날 일이다. 2015년에 받은 약속이 2415년에 이루어진다면 과연 축복이라 말할 수 있을까? 하지만 여기에서 축복보다 더 중요한 것은 하나님이 쪼개 놓은 고기 사이로 지나시는 모습이다. "해가 져서 어두울 때에 연기 나는 화로가 보이며 타는 횃불이 쪼갠 고기 사이로 지나더라 그날에 여호와께서 아브람과 더불어 언약을 세워 이르시되 내가 이 땅을 애굽 강에서부터 그 큰 강 유브라데까지 네 자손에게 주노니"(창 15:17-18).

4천 년 전에는 가로등이나 전깃불이 없었다. 오직 달빛과 별빛만 있었다. 깜깜한 밤에 갑자기 횃불이 나타나 쪼개 놓은 고기 사이로 지나

가며 태우는 것을 본다면 어떨까? 고대 근동에서 중요한 약속을 할 때는 짐승을 양쪽으로 갈라놓고 두 당사자가 쪼갠 고기 사이로 지나갔다. '약속을 어기면 쪼갠 고기처럼 몸이 갈라질 것이니 반드시 지키자'는 의미였다. 그러나 하나님과 아브람의 언약은 좀 다르다. 창세기 15장에는 아브람이 지켜야 할 내용은 나오지 않고, 하나님이 아브람에게 주신 약속만 나온다. 쪼갠 고기 사이로 하나님만 지나가신다. 아브람은 타는 횃불이 고기 사이로 지나가는 것을 보지만 정작 자신은 지나가지 않는다. "아브람이 여호와를 믿으니 여호와께서 이를 그의 의로 여기시고"(창 15:6). 아브람은 하나님이 주신 약속을 믿기만 하면 되었다.

믿음이 아브람과 하나님의 언약과 축복에만 국한된다면, 굳이 400년 뒤에 일어날 일까지 신경 쓰지 않아도 될 것이다. 아브람이 잘 먹고 잘 살다가 평안하게 죽으면 그만이다. 혹은 이집트에서 바로에게 빼앗긴 아내 사래를 다시 데려오는 것으로 충분하다. 그러면 하나님이 쪼갠 고기 사이를 지나실 필요도 없다. 하나님이 쪼갠 고기 사이를 지나신다는 것은 하나님의 전 존재를 걸고 아브람의 믿음을 이루시겠다는 뜻이다. 아브람의 믿음이 개인에게 국한된다면, 아브람을 쪼갠 고기 사이로 지나게 하며 '네 믿음이 중요하단다. 네가 언약을 지키면 모든 것이 다 잘될 거야. 그러니 꼭 지켜라' 하고 말씀하시면 된다.

그러나 믿음은 하나님이 시작하신다. 우리가 믿음을 시작할 수는 없다. 하나님이 먼저 아브람을 찾아오셔서 쪼갠 고기 사이를 지나며 약속하신다. 하나님이 자기 이름을 걸고 약속하시면, 우리는 하나님의 신실하심을 믿고 그 약속을 받아들이면 된다. 하나님은 죄인인 우리를 의롭게 여겨 주신다. 하나님의 믿음으로 우리가 믿음에 이르게 되는 것이다. 이것이 언약의 핵심이다. 믿음은 교회가 확립한 명제나 교리, 규범이 아니라 한 인격에 대한 능동적인 반응이며 신뢰다.[3]

하나님과 맺은 언약이 없었다면 이스라엘은 이방민족과 다를 바 없다. 하나님과 언약을 맺었기 때문에 하나님의 백성이 된 것이다. 하나님의 자녀는 혈통으로나 육정으로나 사람의 뜻으로 나지 않고 오직 하나님께로부터 난 자들이다(요 1:13). 하나님과 맺은 언약의 본질은 예수 그리스도이고, 예수 그리스도를 통해 언약이 성취되었다. 성경은 처음부터 끝까지 이 사실을 증명한다. 언약을 주제로 하여 성경을 다음과 같이 나눌 수 있다.

1. 언약 공동체를 형성하는 이야기: 모세오경(창세기-신명기), 복음서(마태복음-요한복음)
2. 언약이 이어지는 역사: 역사서(여호수아-에스더), 사도행전
3. 언약 공동체에 들려주신 이야기: 시가서(욥기-아가), 서신서(로마서-유다서)
4. 언약 공동체의 심판과 회복: 선지서(이사야-말라기), 예언 및 요한계시록

1. 모세오경과 복음서_ 언약 공동체를 형성하는 이야기

모세오경(창세기, 출애굽기, 레위기, 민수기, 신명기)은 언약 공동체가 민족 공동체를 이루는 이야기로 구원받은 백성의 존재와 사명이 무엇인지 보여 준다. 부름받은 하나님의 백성은 그분의 약속을 받고(창세기), 구원을 경험하며(출애굽기), 성화의 길로 걸어가면서(레위기), 광야의 삶 한복판에서(민수기), 주어진 것에 감사하며 이웃을 돌아보고 나누며(신명기) 살아간다.[4] 사복음서는 이 땅에 오신 예수님이 새로운 언약 공동체, 즉 교회를 이루는 이야기를 보여 준다. 구약과 신약은 하나님이 언약 공동체를 형성하는 이야기로 시작된다.

모세오경

창세기는 단순히 정보를 전달하는 책이 아니라 하나님을 찬양하는 책이다. 창세기 1-11장은 성경 전체의 서론이라 할 수 있다. 하나님은 천지만물을 아름답게 지으시고 친히 빚으신 아담과 하와를 에덴 동산에서 살게 하신다(창 1-2장). 에덴 동산에서 복을 누리며 살던 인간은 하나님의 명령을 어기고 하나님의 자리에 앉으려 했다. 그들은 결국 에덴 동산에서 쫓겨났고, 온 세상은 죄악으로 가득했다(창 3-6장). 하나님은 죄악된 세상을 홍수와 흩어짐(바벨)으로 심판하신다(창 7-11장). 그러나 전부 멸하지 않고 은혜를 베푸신다. 한 가족 공동체(아브람)를 택하셔서 언약을 맺으신다(창 12-50장). 하나님의 언약이 아브람의 가족사(史)를 이끌어 간다. "아브람이 여호와를 믿으니 여호와께서 이를 그의 의로 여기시고"라는(창 15:6) 말씀은 로마서와 갈라디아서를 비롯한 바울신학의 핵심이 된다. 하나님이 아브람과 맺은 언약은 이스라엘 민족의 토대가 된다. 하나님은 이스라엘을 언약으로 이끌어 가신다.

하나님은 범죄한 인간에게 세 가지 질문을 하신다. 선악과를 따 먹은 아담에게 "네가 어디 있느냐?" 하고 물으신다. 형제를 죽인 가인에게 "네 아우 아벨이 어디 있느냐?" "네가 무엇을 하였느냐?" 하고 물으신다. 하나님은 지금 우리가 어디에 있는지, 하나님이 우리 곁에 두신 형제가 어디에 있는지, 우리가 형제에게 무슨 일을 했는지 물으시는 것이다. 이 질문에 우리는 어떻게 대답해야 할까? "제가 하나님 앞에 서 있습니다. 제 형제는 사마리아인의 모습으로 제 곁에 있습니다. 저는 먼저 하나님 나라와 의를 구합니다"라는 대답에서 너무 멀리 와 있지는 않은지 생각해 보라.

출애굽기는 노예생활을 하던 이스라엘 백성이 모세의 인도로 이집트에서 탈출하는 이야기다. 이방 민족의 침입, 영토 침략 욕구, 환경의 변화 때문에 이주한 민족은 셀 수 없이 많다. 그러나 하나님과 맺은 언약 때문에 살던 곳을 떠난 민족은 이스라엘밖에 없을 것이다. 하나님은 언약하신 대로 400년 뒤에 이스라엘 백성을 이집트에서 해방시키신다. 하나님의 언약이 없었다면 이집트를 거룩한 땅으로 바꾸자고 외치거나 바벨론을 성시화하는 운동을 벌여도 되었을 것이다. 총리 다니엘이 영적 세상을 바라보며 몸부림치지 않아도 되었을 것이다. 그러나 하나님이 가나안을 약속의 땅으로 정하셨기에 이스라엘은 홍해에 뛰어들고 광야를 지나 가나안 땅으로 들어갔다.

하나님은 이스라엘을 구원하시는 과정에서 이집트에 열 가지 재앙을 내리고 홍해를 가르셨다. 불 기둥과 구름 기둥으로 광야길을 인도하시며 만나와 메추라기로 먹이셨다. 400년 동안 노예생활을 한 이스라엘은 하나님이 어떤 분이신지 잘 모른다. 하나님이 신실하시고 전능하신 분임을 알게 하려면 특별한 체험이 필요했다. 파라오의 채찍을 두려워하는 노예가 하나님의 권능을 보고 순종할 때까지 하나님은 계속해서 기적을 베푸셨다. 열 가지 재앙은 이집트 우상에 대한 심판일 뿐 아니라 노예로 살아온 이스라엘 백성에게 하나님을 알리는 증거였다.

그러므로 출애굽기는 구원의 기록이다. 이집트를 탈출한 이스라엘이 시내 산에 이르러(출 1-19장) 하나님의 율법을 받는다(출 20-40장). 율법은 구원받은 이스라엘을 언약 공동체로 거룩하게 구별한다. 노예생활을 하던 민족이 해방되어 새로운 나라를 이루는 이야기로 끝난다면 우리와 별 상관이 없을 것이다. 하지만 이스라엘은 율법을 받고 하나님을 섬기는 나라가 된다. 시내 산에서 받은 율법, 즉 하나님의 말씀은 하나님의 백성과 가나안 백성을 구별한다.

레위기는 하나님을 예배하는 법을 알려 준다. 1-7장은 하나님께 나아가는 법(제사법)을 다루고, 11-26장은 거룩하게 살기 위한 성결법을 다룬다. 이 둘 사이에 제사장의 위임식(8-10장) 장면이 나온다. 레위기는 하나님이 거룩하시므로 이스라엘 백성이 거룩해야 하고, 하나님이 화평을 시작하셔서 이스라엘 백성이 화평을 누린다고 말한다. 인간이 거룩함을 추구하는 것이 아니다. 거룩하신 하나님이 인간을 찾아오시는 것이다. 거룩함의 선행조건은 속죄다. 죄의 삯은 사망이므로 우리 대신 짐승을 죽여서라도 죄값을 해결하지 않으면 하나님께 나아갈 수 없다.

레위기 11장과 신명기 14장에는 정한 짐승과 부정한 짐승의 규례가 나온다. 굽이 갈라지고 새김질을 하는 짐승은 먹을 수 있지만 그 외의 짐승은 먹을 수 없다. 새도 먹을 수 있는 것과 먹을 수 없는 것으로 나뉜다. 돼지고기를 새우젓에 찍어 먹고 대게와 메기탕을 아무렇지 않게 먹는 우리는 성경에 왜 이런 내용이 나오는지 잘 모른다. 대부분의 학자들은 하나님이 특정 짐승을 금지한 이유를 다음과 같이 설명한다. "광야나 가나안의 건조한 기후에서 질병을 옮기기 쉬운 짐승, 비위생적으로 사육한 짐승, 이스라엘 백성이 본받으면 안 되는 이방종교 제사에서 선호하는 짐승을 금지했다." 주식인 양고기는 주요 고기들 가운데서 가장 알레르기가 적었다고 한다.[5]

레위기는 아무리 은혜를 입은 공동체라 하더라도 자기 마음대로 하나님을 섬길 수 없다는 사실을 분명히 보여 준다. 하나님이 약속하신 거룩한 땅에도 문둥병과 유출병이 생긴다. 제사를 잘못 드리면 제사장 아론의 아들이라도 죽는다(레 10장). 죄는 우리가 생각하고 살아가는 전 영역에 지대한 영향을 끼친다. 하나님의 백성은 그분이 명하신 모습으로 하나님 앞에 나아가야 한다. 예수 그리스도께서 단번에 영원한 제물이 되셔서 피의 제사를 폐하시기 전까지 이스라엘은 번제, 화목제, 속죄제, 속건제, 소제로 하나님께 나아가야 했다. 그러나 예수님이 오신 후로는 피의 제사가 아니라 믿음으로 하나님께 나아가게 되었다. 안타깝게도 유대인은 여전히 예수 그리스도를 구주로 받아들이지 않는다. 그들은 아직까지도 제물을 바치는 제사로 죄 문제를 해결하려고 한다.

성경을 읽어 나가다가 레위기에서 멈추는 사람이 많다. 오늘날을 살아가는 우리 눈에는 레위기가 고리타분한 예법 투성이 책처럼 보인다. 하지만 3500년 전 법률서적으로는 최고의 책이었다. 레위기는 하나님을 섬기는 법뿐만 아니라 땅을 관리하는 법, 가난한 사람을 배려하는 법, 이웃과 관계하는 법 등을 명확하게 설명한다. 노예였던 이스라엘 백성은 광야에서 하나님의 법을 공부하면서 세계 최고의 지성으로 거듭나게 된다.

민수기는 이스라엘 백성이 40년간 광야에서 죽어 간 기록을 담고 있다. 이스라엘 역사는 광야를 떠나서는 설명할 수 없다. 이집트에서 탈출한 지 2년 만에 이스라엘은 하나님의 말씀에 순종하여 가나안 땅을 점령하기 위한 준비를 마친다. 이제 하나님이 약속하신 땅에 들어가기만 하면 된다. 그러나 이스라엘은 하나님께 불순종하여 40년간 광야를 떠

돈다. 광야에서도 하나님이 함께하시지만 인구가 1,820명이나 줄어들고 만다. 민수기는 역사상 가장 긴 장례행렬이라 할 수 있다.

백성의 숫자를 기록한 민수기에는 인구 조사 기록이 두 번 나온다(1, 26장). 1장은 이집트에서 나온 인구를 기록하고, 26장은 가나안에 들어가는 새로운 세대의 인구를 기록한다. 두 번의 인구 조사를 비교해 보면, 복을 받은 지파와 복을 받지 못한 지파를 파악할 수 있다. 인구가 많은 지파는 가나안에서 땅을 많이 받고, 인구가 적은 지파는 땅을 적게 받았다. 차지하는 지역은 제비로 뽑았지만, 땅의 넓이는 인구로 정했다. 이집트를 떠날 때 시므온 지파는 59,300명이었는데 가나안에 들어갈 때는 절반 이상 줄어든 22,200명이었다. 시므온 지파는 땅을 차지하지 못하여 유다 지파의 땅을 얻어 지냈다. 이와 반대로, 므낫세 지파는 32,200명에서 52,700명으로 늘어나 많은 땅을 받았다.

두 번의 인구 조사 기록 사이에 있는 민수기 2-25장은 40년간 광야 생활의 인구 변화에 영향을 끼친 일들을 보여 준다. 시내 산을 떠나자마자 악한 말로 원망한 이스라엘 백성은 하나님의 진노를 받아 죽임을 당했다. 가나안을 정탐하고 돌아온 사람들의 믿음 없는 보고를 들은 이스라엘 백성은 밤새도록 통곡하며 하나님을 원망했다(민 14장). 고라와 다단과 아비람이 당을 짓고 모세에게 대항했다(민 16장). 당을 지은 이 사건에는 레위와 르우벤 지파가 연루되었다. 이스라엘 백성이 하나님을 원망하다가 불뱀에 물려 죽었다(민 21장). 시므온 지파 족장은 모압 여자들과 음행에 빠져 우상을 섬기다가 심판을 받았다(민 25장).

이스라엘은 하나님의 은혜로 이집트를 탈출했지만 약속하신 가나안 땅에 들어가기 전까지 하나님을 원망했다. 그들은 하나님께 불순종하며 죽어 갔다. 40년이 지나면 인구가 늘어나야 정상인데, 하나님께 불순종한 지파는 인구가 극심하게 줄어들었다. 약속하신 땅에 들어가기 전 하나님께 순종하는 태도가 그 땅에서의 축복을 결정한다. 민수기는 하나님을 믿고 구원받은 자녀가 약속하신 나라에 이르기까지 광야, 즉 이 세상에서 어떻게 살아야 하는지를 보여 준다.

70인역 성경은 창세기부터 민수기까지 계속 '그리고'로 이어진다. 신명기부터 이야기가 새롭게 시작되어 열왕기하까지 이어진다. 신명기는 이집트를 탈출한 세대가 죽은 뒤 하나님이 약속하신 땅에서 살아갈 새로운 세대에게 전하는 말씀을 기록하고 있다. 모세는 하나님이 약속하신 땅에서 살아갈 세대에게 "이스라엘아 들으라"(신 6:4)로 시작하는 새로운 명령을 선포한다. 예수님은 가장 큰 계명이 무엇인지 묻는 율법사에게 신명기 6장 5절을 인용하여 말씀하신다. "네 마음을 다하고 목숨을 다하고 뜻을 다하여 주 너의 하나님을 사랑하라 하셨으니 이것이 크고 첫째 되는 계명이요 둘째도 그와 같으니 네 이웃을 네 자신같이 사랑하라 하셨으니 이 두 계명이 온 율법과 선지자의 강령이니라"(마 22:37-40). 초대교회 사도들은 물론이고 오늘날 예수님의 제자로 살아가는 우리도 하나님 사랑과 이웃 사랑을 실천하며 전하고 있다. 모세는 기나긴 설교를 마친 후(신 6-30장) 여호수아를 후계자로 세우고(신 31장), 백성에게 노래를 들려주며(신 32장), 죽기 전에 이스라엘 자손을 축복하고(신 33장) 모압 땅에 장사된다(신 34장). 모세는 마지막까지 하나님 사랑과 이웃 사랑을 실천한다.

신명기는 아버지(아몬)와 할아버지(므낫세)의 악에 진절머리가 난 요시야에게 방향을 제시한 책이다. 하나님을 사랑하는 법, 무엇이 옳고 그른지에 대한 성경적 정의, 도덕적 결정을 내리고 합당한 예배를 드리는 법에 대한 명확한 지침이 신명기에 담겨 있다. 이 책은 요시야에게 '양심의 청천벽력'과 같았다. 신명기는 아몬과 므낫세의 악한 통치로 인해 무너진 이스라엘을 다시 일으키는 데 사용되었다.[6] 또한 오늘날을 살아가는 우리에게도 올바른 삶의 방향을 제시한다.

복음서

구약의 모세오경은 하나님과 맺은 언약이 어떻게 시작되었는지를 알려준다. 가족 공동체(아브라함)-민족 공동체(히브리 민족)-국가 공동체(이스라엘)로 이어진 언약 공동체가 죄악에 빠져 언약을 깨뜨리자 하나님은 복음 공동체를 세우신다. 신약의 사복음서는 예수님이 이 땅에 오시면서 복음 공동체가 어떻게 시작되었는지를 보여 준다. 율법이 이끌어 오던 공동체를 예수님이 오셔서 완성하신다. 예수 그리스도가 우리의 죄를 대신 해결하셨다는 고백이 이 공동체의 기초가 된다. 하나님은 "주는 그리스도시요 살아 계신 하나님의 아들이시다"는 고백 위에 교회를 세우신다. 태초부터 계신 말씀이 죄인들 가운데 임하여 교회를 이루신다.

복음서는 말씀 모음집이 아니라 하나의 이야기다.[7] 예수님이 인간의 몸을 입고 이 땅에 오셔서 사람들을 제자로 삼으시고, 하나님의 뜻을 이루기 위해 죄악에 맞서 십자가에서 죽으신 이야기다. 복음서는 예수님이 언약을 이루시고 복음 공동체를 세워 가시는 모습을 보여 준다. 사복음서는 수신 대상이 서로 다르다. 복음서가 한 권이었다면, 예수님에 대해 단 하나의 해석만 가능해서 해석의 자유가 없었을 것이다. 복음서가 수십, 수백 권이었다면 해석이 너무 많아 예수님이 누구인지 혼란스러웠을 것이다. 단 하나의 해석만 인정하는 코란, 모든 해석을 허용하는 불경과 달리 성경은 네 권의 복음서가 있어 통일성과 다양성을 동시에 갖추고 있다.[8]

마태복음은 로마를 위해 일했던 매국노 마태가 기록했다. 세리였던 마태는 화폐를 지칭하는 단어를 아홉 가지나 사용한다. 예수님을 만나 왕 같은 제사장으로 거듭난 그는 자신을 죄인으로 여기던 유대인 형제에게 그리스도를 전한다. 유대인은 그 지역과 풍습을 잘 알고 있으므로 굳이 더 설명하지 않고 구약을 자주 인용한다. 또한 예수님은 다윗의 자손이며 유대인이 기다려 온 왕임을 말하며 하나님의 주권을 강조한다. 유대인은 하나님의 이름을 감히 부르지 않기 때문에 '하나님 나라' 대신 '하늘나라'로 표현한다. 마태복음에는 "천국은 마치"로 시작하는 하늘나라 이야기가 가득하다. 마태복음은 구약과 신약을 잇는 다리 역할을 한다.

마가복음은 마가의 다락방 주인이며 바나바의 조카인 요한 마가가 기록했다. 마가는 종으로 오신 그리스도를 로마인에게 전한다. 수신자가 이방인이므로, 히브리어나 아람어를 사용할 때는 대부분 헬라어로 번역해 주었다. 가령 "보아너게 곧 우뢰의 아들"처럼 말이다. 유대인의 관습도 설명하고(막 7:3-4, 14:12, 15:42), 그리스 동전은 로마 동전으로 환산해 주었다(막 12:42). 마태는 율법을 아는 유대인에게 교훈을 강조했고, 마가는 메시아에 대해 모르는 이방인에게 그리스도의 권능(기적)을 강조했다.

헬라인 의사 누가는 로마 황제 통치력으로 연대를 표시한다(눅 3:1). 그는 예수 그리스도에 대한 일을 근원부터 살펴 차례대로 정리하여 데오빌로에게 알려 주기 위해 편지를 썼다. 누가복음은 이방인에게 사람의 아들로 오신 예수 그리스도를 알린다. 의사인 누가는 병에 대해 자세히 설명하며, 주변 인물이나 상황, 예수님이 태어나실 당시와 어린 시절의 일도 기록한다.

마태복음은 부활에 대한 기사로 끝난다. 마태는 왕이신 그리스도를 강조하므로 승천에 대해 기록하지 않았다. 마가는 예수님을 하나님이 보내신 종이요 하나님께로 돌아갈 분이라고 보았기 때문에 승천에 대해 확실하게 기록했다. 누가는 영광받으신 주님을 강조하므로 승천뿐 아니라 성령 강림에 대해서도 기록했다. 요한은 주님의 승천에 대해서는 말하지 않지만 재림에 대해서는 넌지시 말한다.[9]

마태복음, 마가복음, 누가복음은 기술 내용에서 일치하는 관점이 많아서 '공관복음'(共觀福音)이라고 한다. 세 복음서 모두 하나님 나라를 강조하며, 갈릴리 사역을 중심으로 기록한다. 요한복음은 세 복음서와 확연히 다르다. 유월절에 예루살렘에서 일어난 일을 주로 다룬다. 하나님의 아들로 오신 예수님을 증거하며 하나님과 예수님, 성도의 관계를 중시한다. 예수님은 요한복음에서 자신에 대해 일곱 번 선언하시고, 표적을 일곱 번 보이신다. 예수님의 자기 선언과 표적은 하나님이 보내신 메시아임을 확증한다. 요한복음에서 예수님은 하나님과 자신의 관계를 계속 강조하신다. 그래서 예수님이 하나님에게 어떤 분인지, 하나님의 뜻이 예수님 안에서 어떻게 드러나는지 주의 깊게 살펴볼 수 있다.

앞에서 말했듯이, 사복음서는 복음이신 예수님을 전한다. 예수님이 자신을 메시아로 드러내시고 우리를 위해 언약을 완성하시는 과정을 보여 준다. 베드로가 "주는 그리스도시요 살아 계신 하나님의 아들이시니이다"(마 16:16)라고 고백한 때로부터 예수님은 고난과 죽음, 부활에 대해 말씀하기 시작하신다. 예수님이 오신 목적이 고난받는 그리스도로서 언약을 성취하는 일이기 때문이다.

2. 역사서와 사도행전_ 언약이 이어지는 역사

역사서는 하나님의 은혜로 가나안 땅에 정착한 이스라엘이 사사시대를 지나 왕정국가를 이루고 멸망하기까지의 과정을 기록한다. 여호수아, 사사기-룻기, 사무엘상하-열왕기상하, 역대상하, 에스라-느헤미야, 에스더에는 언약 민족의 역사가 가감 없이 그려져 있다. 신약의 사도행전은 복음 공동체가 유대 지역을 넘어 소아시아까지 확장되는 역사를 기록한다. 오순절에 성령이 임하여 초대교회가 세워지고(행 2장), 교회에 큰 박해가 일어나 유대와 사마리아 지방에 흩어진 성도들이 사마리아를 지나(행 8장) 소아시아와 로마로 가서 복음을 전한다. 사도행전은 사도들뿐 아니라 스데반과 여러 집사들(행 6:5), 예수님의 형제 야고보, 로마 백부장과 행정관리가 대거 등장하는 놀라운 역사 이야기다.

역사서

하나님의 종 모세가 죽은 후에 하나님은 여호수아에게 이스라엘을 이끌고 가나안 땅으로 들어가라고 명하신다. 하나님의 언약을 믿고 하나님께 순종한 이스라엘은 가나안 땅을 정복할 수 있었다. 그러나 이스라엘은 가나안 땅을 분배받고 얼마 지나지 않아 하나님의 언약을 잊어버린다. 모세의 말을 듣지 않았던 이스라엘 백성은 여호수아의 말도 듣지 않았다. 여호수아는 고별설교(수 23-24장)에서 '섬기라'는 말을 19회나 되풀이하며 '하나님을 섬기라'고 신신당부한다. 하지만 이스라엘 백성은 농경문화의 풍요에 눈이 멀어, 광야에서 인도하신 하나님을 버리고 바알과 아스다롯을 섬긴다.

사사기는 언약을 잊어버린 백성에게 무슨 일이 일어나는지를 보여 준다. 과거를 기억하지 않으면 동일한 잘못을 되풀이하게 마련이다. 이스라엘은 가나안 민족과 섞여 살면서 하나님을 떠나 타락의 길로 들어선다. "그때에 이스라엘에 왕이 없으므로 사람이 각기 자기의 소견에 옳은 대로 행하였더라"(삿 21:25). 이스라엘은 가나안 문화를 배우면서 죄악에 빠져들었다. 하나님이 이스라엘을 징계하시면 살려 달라고 빌었고, 하나님이 사사를 보내 구원해 주시면 다시 죄를 지으러 우르르 몰려갔다. 사사의 수준도 점점 낮아져서 마지막 사사 삼손은 제대로 지킨 말씀이 하나도 없을 정도였다.

룻기는 혼란한 시대에도 하나님의 율법을 지키는 아름다운 공동체가 존재함을 보여 준다. 엘리멜렉('하나님은 왕이시다')이 나오미('기쁨')와 결혼하여 베들레헴('떡집')에 살았는데, 기근이 들어 먹을 곡식이 없었다. 그들에게 말론('병약한')과 기룐('갈망하는')이라는 두 아들이 있었다. 나오미의 가족은 기근을 피해 모압 땅으로 갔지만 그곳에서 남편과 두 아들이 죽고 말았다. 그러면 누가 집을 일으켜 세울 것인가? 놀랍게도 하나님은 이방 며느리 룻에게서 다윗과 예수님이 태어나게 하신다. 유대인은 오순절에 은혜의 책인 룻기를 읽는다고 한다.

이스라엘은 다윗과 솔로몬이 다스리던 시기에 전성기를 맞이하게 된다. 우리는 다윗이 영토를 굉장히 넓혔을 거라고 생각한다. 그러나 실제로는 강원도보다 더 작다. 알렉산더나 칭기즈칸의 영토는커녕 백제나 신라가 가장 약했을 때보다 더 작다. 다윗은 제국을 이루었기 때문이 아니라 하나님의 '정의와 공의'로 나라를 다스렸기 때문에 하나님의 마음에 합한 왕이었다.[10] 솔로몬은 하나님이 주신 지혜를 '세계 7대 불가사의'를 밝히는 데 쓰지 않고, 백성 중 가장 낮은 자라 할 수 있는 창녀의 문제를 해결해 주는 데 썼다. 다윗이나 솔로몬은 우리가 생각하는 위대한 왕과 전혀 다르다.

솔로몬이 죽은 뒤 이스라엘은 남유다와 북이스라엘로 나뉘었다. 남유다는 예루살렘을 수도로 정하고, 북이스라엘은 사마리아를 수도로 정했다. 유다 지파 단일 체제를 구축한 남유다는 왕위 계승에서 반란의 위협이 적었고, 다윗 왕가에서 왕이 이어졌다. 성전을 중심으로 하나님을 섬겨서 왕조가 오래 이어졌고, 선한 왕이 여덟 명이나 있었다. 그러나 북이스라엘은 초대 왕 여로보암부터 우상을 섬겼고, 선한 왕이 한 명도 없었다. 남유다는 섭정(아달랴)을 포함하여 스무 명이 344년을 다스린 반면, 북이스라엘은 열아홉 명이 208년을 다스렸다. 열 지파 연합 체제인 북이스라엘은 지파들 간에 세력 다툼이 자주 일어나 왕권이 약했고, 왕이 자주 바뀌었다.

여호수아서는 여호와를 왕으로 모신 이야기를, 사사기는 왕이 없는 시대의 이야기를 들려준다. 사무엘상은 인간이 선택한 왕 사울의 이야기를, 사무엘하는 하나님이 선택한 왕 다윗의 이야기를 들려준다. 70인역 성경은 사무엘상부터 열왕기하까지를 한 권으로 묶었다. 그래서 사무엘이 태어날 때부터 예루살렘이 멸망하기까지의 역사를 한 권에서 보여 준다. 역대상하는 유다와 성전을 중심으로 하나님의 백성이 언약 백성답게 사는 모습을 보여 준다. 언약의 핵심이 되는 다윗 왕국과 성전의 회복을 말한다. 역대상 1-9장에는 족보가 잔뜩 나온다. 성경을 읽다가 족보가 계속 나오면 마음이 어려울 수 있다. 그런데 구원받는 사람의 이름이 적힌 생명책을 건네면서 자기 이름을 찾아보라고 하면 어떨까? 유대인은 성경에 나온 족보를 그러한 마음으로 읽었을 것이다.

역대상하에 스룹바벨(주전 6세기 후반), 다릭(주전 515년 주조한 동전)이 언급된 것을 보면 포로시대에 기록되었을 것이다. 히브리 성경에서는 역대상하가 구약의 마지막 순서(말라기 자리)에 나온다. 여호야다 제사장의 아들 스가랴는 요아스 왕에게 죽임을 당한다(대하 24:22). 예수님은 서기관과 바리새인을 꾸짖으며 이렇게 말씀하셨다. "그러므로 의인 아벨의 피로부터 성전과 제단 사이에서 너희가 죽인 바가랴의 아들 사가랴의 피까지 땅 위에서 흘린 의로운 피가 다 너희에게 돌아가리라"(마 23:35). 시간상으로는 사가랴(스가랴) 이후에도 죽은 선지자가 있었지만, 히브리 성경으로는 역대상하가 마지막에 위치해서 사가랴를 말씀하신 것이다.

에스라서와 느헤미야서는 포로 귀환 후 예루살렘에 성벽과 성전을 재건하는 역사를 기록하고 있다. 에스라와 느헤미야 선지자는 범죄한 이스라엘 민족에게 하나님의 언약을 다시 붙들라고 눈물로 호소하고 징계했다. 그러나 이스라엘 백성을 하나님께로 돌이키는 일은 무척 어려웠다. 오히려 성전과 성벽 재건축 작업이 쉽게 느껴질 정도였다. 에스라가 개혁한 내용을 25년 뒤에 느헤미야가 다시 말해야 할 정도로 이스라엘 백성은 하나님께로 돌아오지 않았다. 이처럼 하나님께로 돌이키려는 노력은 번번이 반대에 부딪혔다. 에스라서는 이방 여인과 결혼한 사람들의 명단(스 10장)으로 끝나고, 느헤미야서는 타락한 지도자를 책망하는 내용(느 13장)으로 끝난다. 에스라서와 느헤미야서는 성전 재건을 촉구한 학개서와 함께 읽는 것이 좋다.

에스더는 유대인을 멸절시키려 한 하만의 악한 계획을 '죽으면 죽으리라'는 믿음으로 무너뜨렸다. 그러나 에스더서에는 페르시아 왕이 190회 언급되는 반면, '여호와'는 물론이고 하나님의 이름(엘로힘)조차 나오지 않는다. 루터는 에스더서가 없었으면 좋겠다 했고, 칼빈은 에스더서를 설교하지 않았다고 한다.

에스라서, 느헤미야서, 에스더서는 하나님에 대해 적대적인 세상에서 믿음의 공동체가 무엇을 해야 하는지를 말한다. 책임을 맡은 지도자(학자 에스라, 총독 느헤미야, 왕비 에스더)는 백성을 하나님의 뜻으로 인도하고, 백성은 하나님의 뜻에 순종한다. 이끄는 사람과 따르는 사람이 함께 언약 공동체를 이룬다. 유대인은 부림절에 에스더서를 읽는다고 한다.

언약 공동체는 하나님의 말씀 위에 세워진 공동체다. 한 사람이 왕으로 군림하는 공동체는 하나님의 뜻에 합당하지 않지만 하나님은 이스라엘 백성이 국가 공동체를 요구하자 허락하셨다. 이후 이스라엘은 왕의 선택에 따라 하나님과 우상 사이를 왔다갔다 한다. 왕이 하나님과 맺은 언약을 기억하고 지키면, 공동체가 든든히 세워졌다. 왕이 언약을 잊어버리고 하나님의 말씀에서 떠나면, 이방 민족에게 침략을 당하고 무너졌다. 하나님을 왕으로 섬기지 않고 인간이 세운 왕을 바라보면 멸망뿐이다.

사도행전

말라기 선지자를 보내신 이후로 하나님은 400년 동안 침묵하신다. 기나긴 침묵을 깨고 예수님이 오심으로 신약시대가 시작되고, 하나님은 언약을 교회에 맡기신다. 예수님이 십자가에서 죽으시고 부활하여 승천하신 후 교회가 세워지고(행 1-8장) 바울은 이방인에게 복음을 전한다(행 9-28장).

사도행전은 교회 공동체가 세워지는 과정을 상세히 기록한다. 바울은 소아시아를 세 차례 여행하면서 곳곳에 교회를 세웠다. 예루살렘 교회에 큰 박해가 일어나서 곳곳으로 흩어진 그리스도인들과 빌립, 사도들이 교회를 세웠다. 바울이 복음을 전하는 일에 크게 공헌했지만 교회는 바울을 떠받들어 섬기지 않았다. 바울은 그리스도가 아니라 '바울,

아볼로, 게바'를 의지하는 무리를 비난한다(고전 1장). 하나님은 "주는 그리스도시요 살아 계신 하나님의 아들"이라는 믿음의 고백을 함께 나누는 교회 공동체를 통해 언약을 이어 가신다. 언약의 역사는 지금도 계속되고 있다.

3. 시가서와 서신서_ 언약 공동체에 들려주신 이야기

이스라엘이 하나님의 은혜에 감사하고 말씀에 순종했다면, 시가서는 감사와 찬양으로 가득했을 것이다. 교회가 예수 그리스도를 통해 주신 구원에 감사하며 성령님이 인도하시는 대로 살았다면, 서신서 역시 칭찬과 축복의 말로 가득했을 것이다. 안타깝게도 구약과 신약의 공동체는 언약 백성에 어울리지 않는 모습을 끊임없이 보였다. 기쁨과 감사, 찬양이 넘쳤지만 고통과 슬픔, 다툼과 분열, 호소와 탄원, 후회와 한탄이 끊이지 않았다. 성경 저자들은 시로 마음을 고백했다. 서신서 저자들은 어려움에 처한 교회를 사랑하는 안타까운 마음으로 편지를 썼다. 그들이 끌어안고 끙끙대며 하나님께 고백하고 성도에게 표현한 내용이 시가서와 서신서에 기록되어 있다. 시가서와 서신서에 기록된 고백과 호소는 동일한 언약 공동체로 살아가는 우리에게 하나님의 뜻을 들려준다.

시가서

시가서는 시와 노래로 하나님을 찬양한다. 욥기, 시편, 잠언, 전도서, 아가서는 시(詩) 형식으로 기록되어 있다. 그중 욥기, 잠언, 전도서는 지혜서로 분류되기도 한다. 시편은 표현을, 욥기는 기다림을, 아가서는 사랑을, 잠언은 삶의 지혜를, 전도서는 살아가는 이유를 가르친다. 우리가 읽는 개역개정 성경은 시가서가 산문 형식으로 편집되어 있어서 시로 읽기 어렵지만, 표준새번역 성경과 영어 성경은 시 형식으로 편집되어 있다.

욥기는 여러 달째 고난당하고 있는 욥과 친구들의 대화를 기록하고 있다(욥 7:3). 욥은 자신의 고난을 이해하지 못하지만 뭔가 하나님의 뜻이 있을 거라고 생각하고, 친구들은 욥이 잘못해서 이런 일이 생겼다고 생각한다. 우리가 욥기를 온전히 이해하기는 어렵다. 마치 이방원과 정몽주가 시조를 주고받는 것 같기 때문이다. 욥의 친구 엘리바스는 '심는 대로 거둔다'는 논리를 내세우고, 빌닷은 학문과 전통을 말한다. 소발은 회개하라고 말하고, 엘리후는 의롭고 전능하신 하나님이 판단하신다고 말한다. 어디서 많이 들어 본 이야기 아닌가? 오늘날 교회에서 흔히 들을 수 있는 이야기다. 욥의 친구들의 말은 전혀 틀리지 않았다. 하지만 욥의 형편을 전혀 고려하지 않았으므로 현실과 동떨어진 말이라 할 수 있다.

욥의 친구들은 그를 위로하기보다 오히려 화를 돋우었다. 선한 의도로 욥을 찾아왔지만 자기 생각만 내세워 욥을 아프게 했다. 자신이 아는 하나님이 전부인양 잘못 판단한 것이다. 욥을 향한 하나님의 뜻은 합리성과 논리, 경험과 전통을 뛰어넘는다. 욥기는 '이해할 수 없는 불행'과 '하나님의 침묵'에 대해 말한다. 욥은 하나님을 31회나 전능자로 부르지만 전능자는 대답하지 않고 침묵하신다. 고난은 우리의 작은 머리로는 이해하기 어렵고, 몸으로 겪어 내기 버거워서 하나님의 신실하심을 의심하게 만든다. 그러나 하나님은 욥이 고통당할 때 그를 가장 많이 사용하셨다. 고난을 통과한 욥의 말을 들어 보라. "하나님의 침묵에는 뜻이 있다."

성경에는 150편의 시편과 예언시, 찬양시(엘리사벳의 노래와 마리아의 찬가, 눅 1:42-55), 시므온의 찬송(눅 2:28-32)을 비롯한 여러 시가 나온다. 시편은 수천 편의 시 가운데 150편을 골라 모아 놓은 책이다. 모세오경과 짝을 이루도록 다섯 권으로 만들어졌고, 각 권은 모두 찬양시로 끝난다. 다윗이 75편가량, 솔로몬이 3편, 고라 자손이 11편, 아삽이 12편, 헤만이 1편, 에단이 1편, 모세가 1편을 썼다. 46편의 시는 누가 썼는지 모른다. 다윗이 썼다고 주장하는 학자들이 있지만 정확하지는 않다.

시편에는 하나님을 아는 사람의 절절한 고백이 담겨 있다. '하나님은 없다'라고 말할 정도로 엄청난 고난을 겪고도 하나님을 신실하게 바라본 사람들의 외침으로 가득하다. 시편 기자는 인생의 슬픔과 고통, 기쁨과 감격을 하나님 앞에서 솔직하게 표현한다. 은혜로우신 하나님, 심판하시는 하나님, 가까이 계신 하나님뿐 아니라 멀리 계신 하나님, 외면하시는 하나님에 대해서도 표현한다. 즐거울 때는 하나님을 찬양하고, 슬플 때는 하나님께 부르짖는다. 선한 이웃을 축복하고, 악한 이웃을 저주한다. 때로는 분노하고, 때로는 회개한다. 시편은 이 세상을 살아가는 우리의 이야기라 할 수 있다.

잠언은 인생을 살아가면서 깨달은 지혜를 짧은 문장으로 표현한 격언집이다. 잠언(proverb)은 '많은 말(verb)을 대신한(pro) 교훈'이란 뜻이다. 주로 대구나 대조, 비유를 사용하여 사람들이 쉽게 기억하도록 썼다. 대부분 솔로몬이 썼으며 아굴과 르무엘, 작자 미상의 편집 내용이 일부 있다. 잠언은 여호와를 경외하는 것이 지혜의 근본이라고 말하며, 하나님의 자녀인 우리가 이 세상을 지혜롭게 살아가도록 도와준다(잠 1:2-6). 즉 삶을 위한 지침이라 할 수 있다. 잠언은 절대적 진리나 변하지 않는 영원한 약속과는 다르다. "아이를 훈계하지 아니하려고 하지 말라 채찍으로 그를 때릴지라도 그가 죽지 아니하리라"(잠 23:13)는 말씀을 전적으로 따르는 부모는 없다. '하나님의 말씀으로 자녀를 훈계하라'는 뜻으로 받아들인다. 이처럼 잠언은 하나님의 뜻을 헤아리며 읽어야 한다.

전도서는 인생이 참으로 살 만한 가치가 있는지를 묻는다. 복음주의 신학자 제임스 패커는 이렇게 말한다. "전도서는 성경에서 우리를 현실로 돌이키기 위해 기록된 책이다." 더 많이 소유하고 부자가 되려는 우리에게 전도서는 더 많이 가질수록 우리 존재가 줄어든다고 말한다. 이 세상의 모든 것을 비롯하여 인간의 지혜(전 1장), 쾌락과 부(전 2장)는 헛

되고 모든 일에는 때가 있다(전 3장). 우리가 살아가는 세상은 죄가 만연하고(전 4-6장), 사람의 지혜에는 한계가 있다(전 7장). 우리는 하나님의 지혜를 따라 살아야 하고(전 8-11장), 창조주 하나님을 기억하며 살아야 한다(전 12장).

전도서는 우리가 좋게 생각하는 모든 것이 '헛되다'고 말하지만 선에 대해서는 거의 말하지 않는다. 그러나 허무주의로 끝나지는 않는다. "너는 청년의 때에 너의 창조주를 기억하라 곧 곤고한 날이 이르기 전에, 나는 아무 낙이 없다고 할 해들이 가깝기 전에 해와 빛과 달과 별들이 어둡기 전에, 비 뒤에 구름이 다시 일어나기 전에 그리하라"(전 12:1-2). 전도서 기자는 인생이 헛되지 않으려면 창조주를 기억하라고 말한다. 자끄 엘룰은 이렇게 말했다. "너의 창조자를 기억하라이지 그를 경배하라, 그를 섬기라, 그에게 복종하라가 아니다. '기억하라'이다.…하나님은 노발대발하여 우리를 찾아와서 자신을 강요하거나 우리 무릎을 꿇게 하거나 우리를 두렵게 하거나 억지로 복종케 하지 않으신다. 그렇다. 하나님은 숨어 계시며 인내하신다. 그분은 문 밖에 서서 두드리신다. 그 이상으로 행하지 않으신다. 기억하라."[11] 유대인은 장막절에 전도서를 읽는다고 한다.

'아름다운 노래'인 아가서는 우리를 향한 하나님의 사랑을 묘사한다. 하지만 아가서에는 하나님의 이름이 직접적으로 나오지 않고 사랑하는 남녀가 나온다. 아가서는 사랑하고 기도하는 법을 알려 준다. 하나님은 문 밖에 서서 밤이슬을 맞으며 문을 두드리신다. "나의 누이, 나의 사랑, 나의 비둘기, 나의 완전한 자야 문을 열어 다오 내 머리에는 이슬이, 내 머리털에는 밤이슬이 가득하였다"(아 5:2). 이 같은 마음을 요한은 이렇게 표현한다. "볼지어다 내가 문 밖에 서서 두드리노니 누구든지 내 음성을 듣고 문을 열면 내가 그에게로 들어가 그와 더불어 먹고 그는 나와 더불어 먹으리라"(계 3:20).

아가서에는 주인공 여자, 여자의 친구들(예루살렘의 딸들), 사랑하는 남자가 등장한다. 개역개정 성경은 말하는 사람을 구분해 놓지 않았지만, 새번역 성경은 말하는 사람을 구분해 놓아서 읽기가 쉽다. 표준새번역 성경이 처음 나왔을 때 일부 교단에서는 지나치게 성적 표현이 많다고 거부했다. 영성의 대가로 꼽히는 아빌라의 테레사는 아가서를 뜯어 불태웠고 그것을 반대하는 사람을 감옥에 가두었다고 한다. 우리를 향한 하나님의 친밀한 사랑을 느끼지 못하고 직접적인 표현만 보면 아가서를 오해할 수 있다. 유대인은 유월절에 아가서를 읽는다고 한다. 정통을 고수하는 유대인이 유월절에 아가서를 읽으며 '하나님이 우리를 이렇게 사랑하신다'고 외치는 모습이 아름답다. 그들이 예수님을 구주로 고백한다면 얼마나 기쁠까!

시가서는 언약 공동체를 위한 노래다. 삶의 희노애락을 시로 표현한다. 가정과 사회에서 잠언을 읽는 공동체, 부모가 자녀에게 혹은 노인이 청년에게 전도서를 들려주는 공동체, 아가서를 낭송하며 하나님의 사랑을 노래하는 공동체를 머릿속에 그려 보라. 이 얼마나 아름다운 공동체인가! 시가서가 회복되는 공동체를 우리 함께 만들어 가자. 시가서는 역사서와 선지서를 잇는 역할을 한다.

서신서

서신서는 누군가가 다른 사람에게 할 말이 있어서 보내는 편지다. 편지에는 보낸 사람과 받는 사람이 있고, 인사와 전할 내용이 있다. 친하게 지내는 사람들에게는 그들만의 '숨은 이야기'가 있다. 둘만의 추억이 담긴 편지는 다른 사람이 읽는다고 해도 알기 어렵다. "어제는 미안했어. 그런 줄도 모르고 내가 잘못 말했네"라고 쓴 편지를 가로채 읽어도 무슨 일이 일어났는지 모른다. 그러므로 보낸 사람과 받는 사람의 관계, 그들의 상황을 알아야 서신서를 잘 이해할 수 있다.

한 사람이 편지를 여러 번 보냈다면 이전에 보낸 편지와 함께 보아야 한다. 바울이 전에 쓴 편지를 고린도 교인들이 오해했기 때문에 다시 쓴 편지가 고린도전서다. 편지가 몇 번이나 오갔는지 모르지만 고린도 교회도 바울에게 편지를 보냈다(고전 7:1). 편지를 보낸 뒤 바울이 고린도를 방문했지만 성과가 없었다. 바울이 그리스도의 복음을 전하려고 드로아에 갔을 때 주님께서 복음의 문을 열어 주신다(고후 2:12). 하지만 디도를 만나지 못해 마음이 불편한 바울은 드로아를 떠나 마게도냐로 간다(고후 2:13). 복음을 전하기만 하면 열매가 맺히는데 바울은 드로아를 떠난다.

이 사건을 사도행전은 이렇게 설명한다. "무시아를 지나 드로아로 내려갔는데 밤에 환상이 바울에게 보이니 마게도냐 사람 하나가 서서 그에게 청하여 이르되 마게도냐로 건너와서 우리를 도우라 하거늘 바울이 그 환상을 보았을 때 우리가 곧 마게도냐로 떠나기를 힘쓰니 이는 하나님이 저 사람들에게 복음을 전하라고 우리를 부르신 줄로 인정함이러라"(행 16:8-10). 바울은 디도 편에 고린도에 보낸 편지가 나쁜 결과를 가져올까 봐 염려했다. 디도를 만나지 못한 상황에서 마게도냐 사람의 환상을 본 바울은 곧장 드로아를 떠나 마게도냐로 간다. 바울은 마게도냐에서 고난을 받았는데 디도에게 위로를 받는다. 디도는 고린도 교회가 회개하고 바울을 다시 사모하게 되었다는 소식을 전해 준다(고후 7:6-16). 편지를 주고받은 과정을 살펴보면 바울이 고린도 교회를 얼마나 사랑했는지 알 수 있다.

1세기 전후에 기록된 서신서에는 당대 특정 지역이나 공동체에만 적용되는 문제들이 있었다. 21세기 관점에서 "여자는 일체 순종함으로 조용히 배우라 여자가 가르치는 것과 남자를 주관하는 것을 허락하지 아니하노니 오직 조용할지니라"(딤전 2:11-12)는 말씀을 보면 다툼이 생긴다. 우리는 이 말씀을 문화의 차이로 받아들여야 할까? 아니면 변하지 않는 진리로 받아들여야 할까? 여자에게 교육의 기회를 주지 않았던 시대에는 여자가 가르치는 일을 금하는 게 합당해 보이지만 오늘날은 다르다. 성경이 아니라 다른 책이라면 적용하기가 훨씬 쉬웠을 것이다.

에베소 교회에서는 여자들이 말썽을 일으켰다(딤전 5:11-15, 딤후 3:6-9). 거짓 교사가 활약했던 주요 원인 중 하나가 바로 여자들 때문이었다. 성경의 다른 곳을 보면, 여자들이 가르치고(행 18:26) 예언을 한다(행 21:9, 고전 11:5). 그러므로 디모데전서 2장 11-12절은 특정 지역의 문제를 다루고 있는 것으로 볼 수 있다. 우리는 이 말씀으로 여자의 위치를 단정지으며 다툴 필요가 없다. 또한 우리는 겉옷과 책을 가져오라는 바울의 부탁(딤후 4:13)을 들어줄 수 없다. 바울이 디모데에게 부탁한 것이기 때문이다. 이처럼 무엇이 변함없는 진리인지, 그 당시 특정한 사람에게 적용되는 것인지를 분별하며 성경을 읽어야 한다.

우리는 초대교회를 아름다운 공동체라고 생각한다. "믿는 무리가 한마음과 한뜻이 되어 모든 물건을 서로 통용하고 자기 재물을 조금이라도 자기 것이라 하는 이가 하나도 없는"(행 4:32) 교회로 기억한다. 그러나 초대교회에도 문제가 많았다. 고린도 교회는 권위에 복종하기 싫어하고 교만했으며, 남을 배려하지 않았다. 또한 거짓 교사가 들끓고 악한 일에 매여 끝없이 말다툼을 벌였다. 갈라디아 교회는 할례자들이 율법주의를 강요했다. 에베소 교회는 성도 간의 연합이 쉽지 않았다. 빌립보 교회는 분열의 위험이 있었고 율법주의 유대교가 악영향을 끼쳤다. 골로새 교회에는 유대교 의식을 중시하는 사람, 영지주의자, 천사를 숭배하는 사람들이 들어와 이단 사상을 퍼뜨렸다. 데살로니가 교회는 박해와 위협 속에서 죽은 사람의 부활과 종말에 대해 오해했다. 그래서 일부 성도는 주님의 재림을 확신한 나머지, 하던 일을 모두 그만두었다. 이처럼 초대교회는 이상적인 공동체가 아니었다. 대부분의 서신서는 언약 공동체를 바로잡기 위해 기록되었다.

디모데전후서, 디도서는 바울이 디모데와 디도에게 보낸 편지로 목회서신이다. 디모데전후서에는 교회에서 성도를 이끌고 가르쳐야 하는 내용이 담겨 있다. 디모데는 교회를 이끌면서 여러 실수를 했다. 바울은 디모데에게 "아무에게나 경솔히 안수하지 말라"고 당부한다(딤전 5:22). 그리고 장로에 대한 고발은 두세 사람의 증인이 없으면 받지 말라고 한다. 당시 교회에는 디모데의 경험 부족으로 인한 실수뿐만 아니라 교리적인 문제, 유행하던 풍조로 인한 문제도 있었다.

빌레몬서는 도망한 노예 오네시모를 그리스도의 사랑으로 받아 주라는 바울의 부탁이 담긴 편지다. 히브리서는 율법과 관습을 유지해야 한다는 주장에 맞서 예수 그리스도가 변화를 가져왔다고 논증한다. 야고보서는 야고보가 30년간 예루살렘 교회를 이끌며 고난을 겪은 뒤에 흩어진 열두 지파에게 보낸 편지다. 베드로전서는 흩어진 성도가 적대적인 세상에서 어떻게 나그네로 살아가야 할지를 알려 준다. 베드로후서는 거짓 교사를 경계하며 썼다. 요한일서는 거짓 교사를 경계하며 하나님과 자녀의 교제에 대해 설명한다. 요한이서는 예수 그리스도의 인성을 부인한 이단에 대해 말하며, 요한삼서는 성도는 하나님의 자녀라고 확증한다. 유다서는 거짓 교사의 잘못된 가르침을 경계하며 썼다.

요한계시록은 당대 일곱 교회에 쓴 편지다. 고난과 죄로 인해 예수님의 승리를 잊어버린 교회에 성도의 소명과 하나님의 계획을 알려 주기 위해 기록했다. 예수님이 죽음을 이기고 하늘과 땅에 있는 모든 권세를 가지셨음을 강조한다. 복음이 하나님의 언약을 성취했다고 선포한다.

지금까지 살펴본 것처럼, 서신서는 교회를 향한 하나님의 뜻을 전하며 예수 그리스도의 피로 세워진 공동체의 회복을 담고 있다. 거짓 교사는 구원을 자격 없는 죄인에게 베푸신 하나님의 은혜가 아니라, 자기 힘으로 무언가를 해야 얻는 것으로 바꾸어 버렸다. 서신서는 거짓 교사의 잘못된 가르침을 반박하며 '하나님이 구원을 베푸셨다'고 주장한다. 오늘날에도 잘못된 가르침이 난무하고 있다. 교회에서조차 무엇이 옳고 그른지 분별해야 할 정도가 되어 버렸다.

4. 선지서와 예언 및 요한계시록_ 언약 공동체의 심판과 회복

선지서와 예언서는 하나님이 특정 장소에서 특정 시대 사람들에게 주신 말씀이다. 선지자들은 하나님의 진노와 심판을 전했다. 하나님의 자녀가 하나님의 뜻을 거역하고 패역하게 지내는 모습을 참으실 수 없어서 선지자를 보내 경고하신 내용이 선지서에 기록되어 있다. 하나님의 심판은 이스라엘을 넘어 이방 민족에게까지 이른다. 물론 하나님은 언약 공동체를 심판하신 후 반드시 회복을 선포하신다. 예루살렘이 무너지고 70년이 지나자 백성을 돌아오게 하신다. 말라기로 끝난 선포는 예수 그리스도로 이어지며, 요한계시록에서는 하나님이 하늘과 땅을 새롭게 하신다고 선포한다. 선지서와 예언서는 언약 공동체라도 하나님께 불순종하면 하나님이 심판하시고, 이후에는 반드시 회복하신다는 것을 보여 준다.

선지서

이스라엘이 하나님과 맺은 언약을 잊어버리고 제멋대로 살자 하나님은 선지자를 보내 회개를 촉구하셨다. 선지자라는 말에는 '선포하는 자, 몸으로 뒹굴다'는 뜻이 내포되어 있다. 선지자는 하나님의 말씀을 붙들고 몸으로 뒹굴면서 외치는 사람이다. 이스라엘 백성은 하나님께로 돌아오라고 부르짖는 선지자의 외침에 귀를 막아 버렸다. 결국 이사야는 순교당했고, 예레미야는 사랑하는 민족의 멸망을 지켜보았으며, 에스겔은 포로로 잡혀간 땅에서 아내마저 잃었다.

언약 공동체에 대한 심판과 회복의 메시지가 담긴 선지서는 크게 대선지서와 소선지서로 나뉜다. 이사야서, 예레미야서, 예레미야애가서, 에스겔서, 다니엘서는 분량이 많고 선지자가 오랜 기간 사역하여 대선지서라고 한다. 호세아서부터 말라기서까지 열두 권은 분량이 작고 선지자가 짧은 기간 사역하여 소선지서라고 한다. 열두 선지서는 한 두루마리에 기록되었으므로 따로 떨어진 모음집이 아니라 하나의 주제로 연결된 내용으로 읽어야 한다.

선지서는 특정 시대에 부름받은 선지자가 당대 사람들에게 외친 기록이다. 따라서 성경 순서가 아니라 같은 시대에 활동한 선지자들끼리 모아 살펴보려고 한다.

주전 8세기: 아모스, 호세아, 미가, 이사야, 요나

이스라엘은 주전 8세기에 제2의 전성기를 맞게 된다. 이스라엘을 괴롭히던 아람이 앗수르의 공격을 받아 약해지고, 앗수르가 내부 문제로 주춤한 틈을 타서 여로보암 2세는 솔로몬의 영토를 회복한다(왕하 14:25). 나라가 안정되고 평화로운 것처럼 보였지만 이스라엘은 풍요를 추구하며 우상을 섬겼고, 정치적 안전을 추구하며 앗수르를 섬기고 있었다. 그 당시 부자는 더 부유해지고 가난한 자는 아무런 소망 없이 가난에 허덕였다. 어느 시인이 북왕국의 수도 사마리아에 간다면 웅장한 건물과 아름다운 성전을 찬양하는 노래를 지을지도 모르겠다. 그러나 유다에서 온 목자이자 농부인(암 7:14) 아모스는 궁전의 장엄함 대신 도덕적인 문란과 억압을 보았다.[12]

아모스는 이스라엘과 거리가 먼 나라부터 심판을 외친다. 다메섹, 가사와 블레셋, 두로, 에돔, 암몬, 모압의 심판을 외칠 때 이스라엘은 기뻐했을 것이다. 그러나 심판은 남유다와 북이스라엘을 피해 가지 않는다. 하나님은 이스라엘 족속에게 "너희는 나를 찾으라 그리하면 살리라"고 말씀하신다(암 5:4). 아모스는 "여호와의 말씀을 듣지 못한 기갈"을 선포한다. 아모스가 한국교회에 온다면 웅장하고 화려한 건물을 볼까, 아니면 하나님의 말씀을 듣지 못한 기갈에 허덕이는 성도를 볼까?

호세아 역시 풍요에 눈이 멀어 언약을 잊어버린 백성에게 하나님께로 돌아오라고 부르짖는다. 하나님은 이스라엘이 음란한 여인처럼 행동할지라도 여전히 이스라엘을 사랑하고 언약을 지키신다는 걸 호세아를 통해 보여 주신다. 그럼에도 불구하고 이스라엘은 영적 간음을 멈추지 않는다. "에브라임이 여러 민족 가운데에 혼합되니 그는 곧 뒤집지 않은 전병이로다"(호 7:8). 전병을 뒤집지 않으면 뒷면이 새까맣게 타 버린다. 이스라엘은 죄악에 새까맣게 탄 부분을 감추고는 하나님을 섬기고 있다고 속였다. 우리 자신도 하나님을 섬긴다고 하면서 돈과 권력을 쫓고 있는 건 아닌지 돌아보아야 한다. 교회 또한 마찬가지다.

미가는 사회의 불평등, 지도자들의 타락, 우상 숭배로 인해 북이스라엘과 남유다가 멸망할 거라고 예언한다. 그러나 남유다는 주전 701년에 쳐들어온 앗수르 왕 산헤립을 물리친다. 유다 왕 히스기야가 회개했기 때문에 하나님이 심판을 돌이키신 것이다. 미가서는 소선지서의 중심에 위치한다. 미가는 하나님이 우리 죄를 용서하시고 하나님 나라를 완성하신다고 말한다. 여호와의 전의 산이 산들의 꼭대기에 굳게 서며 작은 산들 위에 뛰어나고 민족들이 야곱의 하나님의 전에 몰려올 것이고(미 4:1-2), 베들레헴에서 구원자가 나온다고(미 5:2-3) 외쳤다.

이사야서는 성경의 요약이라 할 수 있다. 구약과 관련된 1-39장에는 바벨론 포로로 잡혀가기 전에 이사야가 선포한 내용이 기록되어 있고, 신약과 관련된 40-66장에는 바벨론으로 잡혀간 이후의 내용과 이사야가 받은 예언이 기록되어 있다. 이사야는 크게 여덟 번 말씀을 들었다. 이사야서 1장(유다와 예루살렘에 대한 계시), 2장(유다와 예루살렘에 대한 계시), 6장(웃시야 왕이 죽던 해에 받은 경고), 13장(바벨론에 대한 경고), 14장(아하스 왕이 죽던 해에 받은 경고), 20장(앗수르가 아스돗을 쳐서 취하던 해), 36장(산헤립이 공격할 때), 40장("하나님이 이르시되")이다. 다른 선지자들처럼 이사야도 번영과 평화를 확신하는 백성에게 심판과 멸망의 날이 임박했다고 선포한다. 성경은 하나님을 '이스라엘의 거룩한 분'으로 30회 묘사하는데, 그중 25회는 이사야가 묘사한 것이다. 이사야는 거룩함을 잃어버리고 하나님을 떠난 백성을 향해 하나님의 은혜와 심판을 외친다.

요나는 앗수르의 니느웨로 가서 그들의 죄악이 하나님 앞까지 이르렀음을 외치라는 사명을 받는다. 앗수르는 30년 뒤에 요나의 고국을 멸망시킬 적이다. 요나는 앗수르가 회개하여 멸망에서 구원받는 것을 원하지 않았다. 하나님은 은혜로우시며 자비로우시며 노하기를 더디하시며 인애가 크신 분임을 알았지만(욘 4:2) 이스라엘만 그 은혜를 받기 원했다. 다른 나라가 어찌 되든 우리 가정, 우리 교회, 우리나라만 잘되면 된다고 생각한 것이다. 요나는 하나님의 말씀을 피해 계속 내려갔다(욘 1:3, 5, 12, 2:6). 앗수르는 요나의 외침을 듣고 회개했지만, 요나로 대표되는 이스라엘은 회개하지 않았다. 요나서는 '선교'보다는 '우리 내면의 죄악'을 돌아보라고 말한다.

주전 7세기: 나훔, 스바냐, 오바댜, 요엘, 하박국, 예레미야

요나의 외침을 듣고 회개했던 니느웨 사람들은 다시 죄악으로 돌아갔다. 사람이든 나라든 강성해지면 하나님의 자리에 앉으려 한다. 니느웨는 살육과 파괴를 일삼고 음행과 마술로 여러 족속을 미혹했다. 결국 하나님은 나훔에게 니느웨 멸망에 대한 묵시를 주신다. 나훔은 요나가 원한 '니느웨 멸망'을 외치며 하나님이 왕과 심판자로 역사를 움직이신다고 선포한다. 요나서는 "내가 어찌 아끼지 아니하겠느냐"(욘 4:11)라는 은혜의 질문으로 끝나고, 나훔서는 "네 소식을 듣는 자가 다 너를 보고 손뼉을 치나니 이는 그들이 항상 네게 행패를 당하였음이 아니더냐"(나 3:19)라는 공의의 질문으로 끝난다.

호세아와 아모스의 외침을 듣고도 회개하지 않은 북이스라엘은 주전 721년에 앗수르에게 멸망당한다. 므낫세가 왕위에 오른 이후로 남유다도 내리막길을 걷는다. 요시야 시대에 잠깐 회복되지만 므낫세의 죄악을 돌이키기에는 역부족이었다. 남유다는 예루살렘에서 우상을 섬기면서 하나님이 복도 내리지 않고 화도 내리지 않는다고 여겼다. 그러자 스바냐는 회개를 촉구하며 지도자를 혹독하게 책망한다. 스바냐는 '여호와의 날'이 대적을 이기는 날이 아니라 하나님의 심판을 받는 날이라고 외친다.

그로부터 50년이 채 지나지 않아 예루살렘은 멸망한다. 그러나 하나님은 이스라엘의 남은 자들에게 긍휼을 베푸신다(습 3:12-13).

오바댜는 예루살렘이 멸망당할 때 바벨론을 도왔던 에돔 족속을 향해 외친다. 에돔은 유대인의 곤경을 보며 즐거워한 '가시 같은 이웃'이다. 가파른 산지에 세운 요새(페트라)를 믿고 하나님은 필요 없다고 외친 이들이었다. 예루살렘이 멸망하고 5년 뒤 에돔도 바벨론에게 멸망당한다.

요엘은 현실에서 일어난 일(욜 1:1-2:11, 가뭄과 메뚜기 떼의 습격)을 미래에 일어날 일(욜 2:12-3:21)과 연결 짓는다. 여호와의 날, 즉 심판의 날에 이방 군대가 메뚜기 떼처럼 남유다를 공격할 거라고 외친다. 요엘은 심판과 함께 하나님이 모든 사람에게 성령을 부어 주시는 미래를 바라보라고 한다(욜 2:28-32). 베드로는 오순절에 요엘의 말씀을 인용하여 성령의 사역에 대해 설교한다(행 2:14-21).

남유다가 요시야의 개혁을 짓밟고 죄악으로 돌아서자 하나님은 이스라엘을 심판하신다. 하박국은 왜 바벨론을 심판의 도구로 삼느냐고 하나님께 항의하다가, 하나님의 대답을 듣고는 이스라엘의 구원을 위해 기도한다. "비록 무화과나무가 무성하지 못하며 포도나무에 열매가 없으며 감람나무에 소출이 없으며 밭에 먹을 것이 없으며 우리에 양이 없으며 외양간에 소가 없을지라도 나는 여호와로 말미암아 즐거워하며 나의 구원의 하나님으로 말미암아 기뻐하리로다"(합 3:17-18). 포도나무에 포도가 없고 무화과나무에 무화과가 없는 것은 하나님이 축복을 거두셨기 때문이다(렘 8:13). 하박국은 이 유명한 구절을 지휘자를 따라 수금에 맞추어 부르게 했다(합 3:19). 이스라엘을 정결하게 하고 다시 회복시키실 하나님을 바라보았기 때문이다. 하박국서는 불의와 폭력이 가득한 세상에서 하나님이 왜 침묵하시는지를 알려 준다.

예레미야는 나라가 멸망하고 이스라엘 백성이 포로로 잡혀갈 거라고 예언했다. 조선 말, 일본의 통치를 받게 될 거라고 선포하는 것과 다를 바 없다. 예레미야는 매국노, 거짓 선지자, 망상에 빠진 정신병자 취급을 받으며 극심한 고난을 당했다. 예레미야의 외침을 듣고 요시야 왕은 순종했지만 요시야의 아들 여호아하스, 여호야김, 손자 여호야긴은 불순종했다. 결국 유다는 요시야의 다른 아들 시드기야 때 바벨론에 멸망당한다.

당시 회복과 번영을 예언한 거짓 선지자 하나냐는 백성의 인기를 한 몸에 받았다. 오늘날 예레미야가 사역한다면, 우리의 예상을 뛰어넘는 말씀, 우리가 말도 안 된다고 거부하는 말씀을 외칠 것이다. 예레미야는 하나님의 언약 백성이 하나님의 심판을 받아 멸망한다고 예언했다. 만일 우리가 축복만 쫓아다닌다면, 하나냐를 하나님의 종으로 여기며 따르는 셈이다. 40년간 눈물을 흘리며 하나님의 심판을 예언한 예레미야의 심정을 헤아리며 예레미야서를 읽는다면 그 깊이가 다르게 다가올 것이다.

예레미야애가서는 나라를 잃은 슬픔을 표현한 시다. 하나님의 언약 백성이 왜 포로로 끌려갔는지에 대한 고통스러운 탄식이 담겨 있다. 유대인은 바벨론 포로로 끌려간 일을 기억하며 금식하는 아브월 9일에 예레미야애가서를 읽는다고 한다.

주전 6세기: 에스겔, 다니엘

이사야서는 예루살렘이 멸망하기 전에, 예레미야서는 멸망하는 중에, 에스겔서는 멸망한 후에 기록되었다. 이사야는 범죄한 이스라엘을 향해 부르짖었고, 예레미야는 하나님의 백성은 심판받지 않는다고 안일하게 생각하는 이스라엘을 향해 부르짖었으며, 에스겔은 바벨론에 포로로 끌려가 소망을 잃은 백성을 향해 부르짖었다. 에스겔서를 읽을 때는 일본과 러시아의 연해주와 우즈베키스탄의 타슈켄트로 끌려간 강제징용자를 떠올리면 더 깊이 있게 다가올 것이다.

에스겔은 여호야긴 왕이 포로로 잡혀온 지 5년째 되던(주전 593년) 해에 서른 살의 나이로 하나님의 사명을 받는다. 하나님은 에스겔이 패역한 족속에게 꾸짖지 못하도록 벙어리가 되게 하시고, 에스겔과 말씀하실 때만 그의 입을 열어 주셨다(겔 3:26-27). 에스겔은 하나님이 환상을 보여 주시면, 포로로 끌려온 백성에게 알려 주었다(겔 11:25). 포로로 잡혀온 지 12년째에 하나님이 입을 열어 주시기 전까지 벙어리로 지내야 했고(겔 33:22), 아내의 죽음조차 상징성을 띤 증거라서 장례식 때도 울지 못했다. 에스겔은 예루살렘에 대한 환상을 볼 때까지(겔 40:1) 20년간 여섯 차례 환상을 보거나 말씀을 받는다(겔 8장, 20장, 24장, 26장, 32장, 33장). 이때를 기준으로 에스겔서를 나눠서 읽는 것도 좋다.

에스겔은 포로로 끌려간 땅에서 보좌 위에 계신 하나님을 뵙는다. 유다 왕의 보좌는 무너졌지만 하나님 나라의 보좌는 영원하다. 하나님은 포로로 잡혀온 이스라엘 백성에게 영원한 나라를 보여 주신다. 천지만물을 지으신 하나님은 특정한 땅에 제한된 분이 아니라 온 세상의 왕이시다. 하나님은 성전을 회복하고(겔 40-42장), 성전 예배를 회복하며(겔 43-46장), 성전에서 흘러나오는 물로 온 세상을 살리고(겔 47장) 언약 백성에게 새로운 땅을 주신다(겔 48장).

다니엘서는 제국의 왕들이 보여 주는 어리석은 모습을 다니엘과 세 친구의 신실한 모습과 극명하게 대조한다. 바벨론 제국의 최고 통치자는 이스라엘 백성을 포로로 잡아가고(단 1장) 분별없이 행동하며(단 2장), 교만하고(단 3장), 짐승처럼 변하며(단 4장), 쫓겨나고(5장), 자신이 내린 명령을 후회하며 우왕좌왕한다(단 6장). 반면에, 다니엘과 세 친구는 믿음을 지키다가 풀무불과 사자굴에 던져져도 두려워하지 않는다. 신실하신 하나님을 믿었기 때문이다. '풀무불'에 던져진 세 청년과 '사자굴'에 던져진 노인은 하나님이 보내신 천사의 도움으로 아무런 해를 입지 않았다. 결국 이 일로 인해 바벨론 왕은 하나님을 높이게 된다.

다니엘은 바벨론에서 네 명의 왕, 세 왕국을 거치며 70여 년간 총리직을 유지한다. 동시대를 살았던 에스겔은 하나님이 다니엘을 노아, 욥과 같은 믿음의 사람으로 인정하는 음성을 들었다(겔 14:14, 20). 재야인사(에스겔)가 적국의 총리(다니엘)를 인정하게 된 셈이다. 하나님이 다니엘에게 보여 주신 꿈과 이상(단 7-12장)은 지금도 논란이 되고 있다. 이단들은 일곱 이레(단 9:25)를 계산하여 재림 날짜를 발표하기도 했다. 여전히 재림 날짜에 대한 새로운 계산법이 등장하고 있다. 재림 날짜에 현혹되지 말고 하나님이 뜻이 무엇인지 살피며 성경을 읽자.

앗수르 왕은 이스라엘 백성을 사마리아 땅에서 내쫓고 바벨론, 구다, 아와, 하맛, 스발와임에서 사람들을 데려와 사마리아에서 살게 했다(왕하 17:24). 그곳에 남아 있던 이스라엘 백성과 새로 이주한 민족들 사이에서 태어난 혼혈을 사마리아인이라고 부른다. 유다는 이방민족과 섞이지 않은 자신들을 순수 혈통이라고 주장하며 사마리아인을 무시한다. 사마리아인은 바벨론의 교육을 받지 않고 바벨론 사람과 섞이지 않은 자신들이 순수 혈통이라고 주장한다. 지금은 600여 명의 사마리아인이 모세가 전한 방식대로 유월절을 지키며 사마리아오경 말씀대로 살아가고 있다.[13]

주전 6-5세기: 학개, 스가랴, 말라기

학개와 스가랴는 바벨론 포로에서 귀환한 이스라엘 백성을 독려하여 성전을 재건한다(주전 516년). 에스라는 주전 458년에 2차 귀환을 이끌었고, 느헤미야는 주전 444년에 3차 귀환한 백성과 함께 성벽을 쌓았다.

학개는 귀환하고 15년이 지나도록 무너진 성전을 그대로 방치한 백성에게 성전 재건을 촉구한다. 자기 집 짓기에 급급했던 백성에게 자기 행위를 살피고 성전을 건축하라고 외친다. 마침내 학개는 유다 총독 스룹바벨과 함께 솔로몬 성전에 이은 두 번째 성전을 완성한다.

스가랴는 바벨론에서 태어나서 제사장 역할은커녕 성전도 보지 못했다. 귀환한 백성에게 '예루살렘 성'을 39회나 언급하며 하나님이 회복하신다고 외친다. 하나님을 '만군의 여호와'로 97회나 부르며 메시아를 기대한다. 스가랴서 앞부분에는 회개 촉구(슥 1:1-6), 하나님이 보여 주신 8가지 환상(슥 1:7-6:8), 대제사장 여호수아에게 면류관을 씌우라는 명령(슥 6:9-15), 예루살렘 회복에 대한 약속과 금식 문제(슥 8장)가 나온다. 뒷부분에는 앞부분을 다른 관점으로 해석한 내용이 나온다(슥 9-14장). 공의롭고 겸손하신 왕이 나귀를 타고 예루살렘에 입성하는 미래를 그리고 있다(슥 9:9). 즉 메시아가 오실 것을 예언한다.

구약의 마지막 책인 말라기서는 "내가 너희를 사랑하였노라 하나 너희는 이르기를 주께서 어떻게 우리를 사랑하셨나이까 하는도다"로 시작된다(말 1:2). 이스라엘 백성은 하나님의 사랑을 의심하며 사랑의 증거를 보이라고 요구한다. 말라기 선지자는 3차 귀환 후 10년쯤 지나서 사역을 시작한다. 예루살렘 성전과 성벽을 완공했지만 제사장은 하나님을 경외하지 않았고 성전 예식은 형식이 되어 버렸다. 눈 멀고 절뚝거리고 병든 제물을 하나님께 드리며 하나님과 맺은 언약을 저버렸다. 이런 행위는 하나님이 주신 것을 도둑질하는 것이다. 말라기는 하나님의 심판을 외치고 하나님께 돌아오라고 부르짖으며 그 순종의 증거로 십일조와 봉헌물을 요구한다.

하나님이 온 세상을 심판하고 권능을 행하셨지만 이스라엘 백성은 돌아오지 않았다. 선지자가 하나님의 심판과 회복을 외쳐도 백성은 듣지 않았다. 하나님은 400년 뒤에 예수님을 이 땅에 보내신다. "하나님이 세상을 이처럼 사랑하사 독생자를 주셨으니 이는 그를 믿는 자마다 멸망하지 않고 영생을 얻게 하려 하심이라"(요 3:16). 그러나 이스라엘은 자신들의 기대와 다른 모습으로 오신 하나님의 독생자를 '고난받는 메시아'로 만들어 버렸다. 오늘날을 살아가는 우리는 언약을 완성하신 예수님이 다시 오실 날을 고대하며 기다린다.

예언 및 요한계시록

이사야, 예레미야, 에스겔, 열두 소선지서의 예언은 대부분 당대에 이루어졌고, 일부는 아직 이루어지지 않았다(이사야, 다니엘, 요엘을 비롯한 소선지서 일부). 무슨 뜻인지 모르거나 마지막 날에 이루어질 내용도 있다(에스겔 37-48장, 요한계시록). 섣불리 손대기도 어렵고 모르는 척 무시하기도 어렵다. 합리적으로 해석하면 예언이 아닌 것 같고, 지나치게 해석하면 자의적인 해석이 되어 버린다.

예언은 우리가 생각하는 방식으로 미래를 알려 주지 않는다. 누가 어느 대학에 가고, 어떤 직업을 택하고, 누구와 결혼하는지를 알려 주는 점술형 예언은 나오지 않는다. 한 개인의 미래가 아니라 언약 백성, 언약 공동체, 하나님 나라에 대해 말한다. 그러므로 '앞으로 어떤 현상이 일어날까?', '이런 현상이 일어나면 예수님이 오신다'에 초점을 맞추면 위험하다. 성경은 주의 날이 밤에 도적같이 이를 거라고 말한다. 그러므로 그날이 언제인지 알려고 애쓰기보다는 하루하루 신실하게 믿음으로 살며 주님 오실 날을 기다려야 한다.

이단은 주의 날을 계산하며 숫자에 민감하게 반응한다. '인침을 받은 십사만 사천'에 들어야 한다고 주장한다. "내가 인침을 받은 자의 수를 들으니 이스라엘 자손의 각 지파 중에서 인침을 받은 자들이 십사만 사천이니"(계 7:4). 이 말씀을 살펴보면, 인침을 받은 자는 이스라엘 각 지파 중에 있다. 한국인을 비롯한 이방인은 여기에 들지 못한다. 오직 이스라엘 지파에 속한 유대인만 가능하다. 바벨론에 포로로 잡혀간 뒤로 이스라엘의 지파 구분이 사라졌기 때문에 열두 지파에서 12,000명씩 찾는 것은 불가능하다. 그러므로 이 숫자는 상징으로 보아야 한다.

요한은 말한다. "이 일 후에 내가 보니 각 나라와 족속과 백성과 방언에서 아무도 능히 셀 수 없는 큰 무리가 나와 흰 옷을 입고 손에 종려가지를 들고 보좌 앞과 어린 양 앞에 서서 큰 소리로 외쳐 이르되 구원하심이 보좌에 앉으신 우리 하나님과 어린 양에게 있도다 하니"(계 7:9-10). 이 구절에 따르면, 구원받은 사람은 십사만 사천이 아니라 셀 수 없이 많다. 예수님은 "너희는 마음에 근심하지 말라 하나님을 믿으니 또 나를 믿으라 내 아버지 집에 거할 곳이 많도다"라고 하셨다(요 14:1-2). 하늘나라에 자리가 없어서 못 가는 사람이 있을까? 그렇지 않다. 보좌에 앉으신 이가 그들 위에 장막을 치실 것이다(계 7:15). 보좌 가운데 계신 어린 양이 그들의 목자가 되어 생명수 샘으로 인도하시고 하나님이 그들의 눈에서 모든 눈물을 씻어 주실 것이다(계 7:16-17).

하나님은 고난받는 공동체에 위로와 회복의 메시지를 주신다. 실제로 일어날 일을 보여 주시기도 하지만 대부분은 자기 자리에서 묵묵히 하나님을 섬기라는 말씀을 주신다. 그러므로 미래에 일어날 일에 초점을 맞추기보다는 하나님이 맡기신 자리에서 충성되어 섬기며 예수님이 오실 날을 기다려라. 하나님의 어린 양이 승리하고 새 하늘과 새 땅이 이루어질 것이다.

요한계시록의 일곱 교회는 황제를 숭배하는 주요 거점에 위치하지만 제국이 아니라 하나님께 충성하는 공동체를 대표한다. 일곱 교회는 밧모 섬에서 편지를 전하는 사람이 방문할 순서대로 나열되어 있다. 요한은 계시록의 처음과 마지막에 동일한 이야기를 한다. "이 예언의 말씀을 읽는 자와 듣는 자와 그 가운데에 기록한 것을 지키는 자는 복이 있나니 때가 가까움이라"(계 1:3). "보라 내가 속히 오리니 이 두루마리의 예언의 말씀을 지키는 자는 복이 있으리라"(계 22:7). 요한은 당시 사람들이 알지 못하는 일을 예측하여 지키는 것이 복되다고 말하지 않는다. 오히려 하나님의 공평과 정의를 행하고 우상숭배를 버리는 것이 복되다고 말한다. 환난과 핍박 가운데서도 신실하게 하나님을 섬기라고 촉구한다.

천국과 지옥에 갔다 왔다는 사람이 많다. 그들은 1년 내내 간증집회를 하며 천국과 지옥의 모습을 생생하게 묘사한다. 어떤 사람은 마더 테레사 수녀를 천국에서 보았다 하고, 다른 사람은 지옥에서 보았다 한다. 한 사람이 천국과 지옥에 동시에 있다니! 도대체 그들이 어디에 갔다 왔는지 궁금하다. 그들은 천국은 금과 보석으로 뒤덮여 있고, 지옥은 끔찍하게 고통스럽다고 말한다. 요한도 천국 성곽과 성문이 온갖 보석으로 꾸며져 있다고 말하지만, 보석보다는 하나님의 영광에 초점을 맞춘다. 천국은 해나 달이 빛을 비출 필요가 없다. 하나님의 영광이 천국을 밝히고, 어린 양이 천국의 등불이기 때문이다. 그곳에서 이십사 장로들이 보좌에 앉으신 분 앞에 엎드려 경배하고 자기 금관을 드리며 하나님께 영광을 돌린다(계 4:10-11). 천국의 핵심은 금으로 뒤덮인 도로, 다이아몬드로 빛나는 성이 아니라 영원토록 영광받으시는 하나님이다.

누군가가 천국과 지옥에 갔다 왔다고 하면 우르르 몰려가는 사람들이 많다. 하루하루를 신실하게 살아가는 것보다 놀라운 한 방을 기대하는 게 더 쉽기 때문이다. 아브라함에게 이 같은 기대를 한 사람이 있었다. "아버지여 구하노니 나사로를 내 아버지 집에 보내소서 내 형제 다섯이 있으니 그들에게 증언하게 하여 그들로 이 고통받는 곳에 오지 않게 하소서"(눅 16:27-28). 부자는 죽은 나사로를 보내어 '천국과 지옥에서 본 것'을 이야기하면 자기 형제들이 정신을 차리고 하나님을 믿을 거라고 말한다. "아버지 아브라함이여 만일 죽은 자에게서 그들에게 가는 자가 있으면 회개하리이다"(눅 16:30). 그러나 아브라함은 "모세와 선지자에게 듣지 아니하면 비록 죽은 자 가운데서 살아나는 자가 있을지라도 권함을 받지 아니하리라"고 대답한다(눅 16:31).

누가복음 16장 31절에서 '모세와 선지자'는 모세오경을 비롯한 구약을 의미한다. 성경 말씀이 천국과 지옥에 갔다 왔다는 사람보다 더 확실하다. 간증을 듣고도 성경을 모르면 지옥에 간 부자와 같다. 이스라엘 백성은 엘리야가 기도하자 하늘에서 불덩어리가 내려오는 기적을 보고도 변화되지 않았다. 하나님은 불로 응답하셨지만 백성은 그대로였다. 어떤 기적이나 이적이 사람을 하나님께로 이끌지는 않는다. 죽은 지 나흘 만에 살아난 나사로를 다시 죽이려는 유대인도 있었다. 기적이나 이적은 하나님보다 사람에게 집중할 위험이 있다. 예수님을 메시아가 아니라 능력자로 본 무리는 그분을 억지로 붙들어 임금으로 삼으려고 했다(요 6:15). 그래서 예수님은 간증집회를 하지 않고 혼자 산으로 피하셨다.

학자들은 예언의 세부내용을 자세히 연구하여 역사와 관련시키기도 하고 전천년설, 무천년설, 후천년설을 주장하기도 한다. 그러나 신학교에 다니지 않았고 예언에 대한 특별 계시를 받지 않은 나는 마지막 날에 대한 예언이 '하나님 나라가 온다'는 사실을 말하는 것임을 안다. 그래서 '하나님이 심판하시며 새하늘과 새땅이 임한다'는 말씀을 믿고 하루하루 신실하게 살아가려고 애쓴다.

요한계시록은 이렇게 끝난다. "내가 이 두루마리의 예언의 말씀을 듣는 모든 사람에게 증언하노니 만일 누구든지 이것들 외에 더하면 하나님이 이 두루마리에 기록된 재앙들을 그에게 더하실 것이요 만일 누구든지 이 두루마리의 예언의 말씀에서 제하여 버리면 하나님이 이 두루마리에 기록된 생명나무와 및 거룩한 성에 참여함을 제하여 버리시리라 이것들을 증언하신 이가 이르시되 내가 진실로 속히 오리라 하시거늘 아멘 주 예수여 오시옵소서 주 예수의 은혜가 모든 자들에게 있을지어다 아멘"(계 22:18-21). 하나님의 말씀에 무언가를 더하거나 빼지 말고 '아멘 주 예수여 오시옵소서' 하며 신실하게 기다리는 우리가 되기를 간절히 바란다.

3장

성경, 이렇게 읽어라

영적 삶의 활력은 우리의 삶과 생각에서
성경이 어느 위치에 자리하는지와
정확하게 일치할 것이다.

- 조지 뮬러 -

하나님의 말씀을 잘 알고 싶은 사람이라도 성경을 꾸준히 읽는 게 쉽지 않다. 창세기는 그럭저럭 읽어 나가지만, 율법 규정을 세세하게 설명하는 출애굽기 21장부터는 힘들어한다. 출애굽기를 간신히 끝내면 레위기가 기다린다. 레위기는 거대한 산과 같아서 숨이 막힌다. 신약의 마태복음은 첫 부분부터 낯설다. 모르는 사람의 족보가 계속 나오다가 마지막에 가서야 예수님의 이름이 나온다. 마태복음을 넘어서면 마태복음과 동일한 내용이 꽤 많이 반복되는 마가복음, 누가복음이 기다린다. 성경을 다 읽기는 어려울 것 같고 그냥 설교만 들어도 되지 않을까 하는 마음이 고개를 든다. 그러나 설교자의 해석을 듣는 것에만 만족하면, 한 구절 한 구절 마음을 울리는 하나님의 말씀을 만나는 기쁨을 맛보기 어렵다. 하나님의 말씀이 세포 하나하나를 전율케 하는 순간을 놓치고 만다.

우리는 중세의 암흑을 깨뜨린 종교개혁자의 후예다. 기독교 문화가 마음의 회심과 혼동되고, 제도와 위계질서가 교회와 지도력과 혼동되며, 신학이 평신도가 아닌 성직자의 관심사가 되어 버릴 때 생기는 문제점들을 하나님의 말씀으로 깨뜨린 이들의 자녀다.[1] 우리는 왕 같은 제사장, 거룩한 나라, 하나님의 소유된 백성이다. 그런데 왜 종교개혁자들이 깨뜨린 암흑으로 다시 돌아가려고 하는가? 휘장을 지나 담대히 하나님 보좌 앞에 나아갈 권세를 주셨는데 왜 목회자만 바라보고 있는가?

교회에서 자신의 체험이나 기도의 능력을 간증하는 사람이 많다. 그러나 성경 말씀이 얼마나 달고 오묘한지에 대해 말하는 사람은 아주 드물다. 성경을 읽고 깨달은 내용은 거의 나누지 않는다. 성경 말씀에 순종한 '행동'을 나누거나 말씀을 붙들었을 때 일어난 '반응'을 나누면 믿음이 좋다고 말하지만, '말씀' 자체를 나누면 목사의 권위에 도전한다거나 위험하다고 말한다. 그러나 말씀은 곧 하나님 자신이다. 우리가 꾸준히 성경을 읽고 깨달은 것을 나누다 보면, 하나님이 누구신지 더 잘 알게 되고 기쁘게 그분을 섬기게 되지 않을까!

1. 직접 읽고 묵상하라

성경을 처음부터 혼자서 읽고 깨닫기는 어렵다. 성경을 잘 아는 사람에게 배우는 과정이 필요하다. 빌립을 만난 에티오피아 내시를 예로 들어보자. 빌립은 예루살렘에 예배하러 왔다가 돌아가는 에티오피아 여왕 간다게의 내시를 가사에서 만나게 된다. 내시는 수레 위에서 선지자 이사야의 글을 읽고 있었다. 이사야의 글 읽는 것을 들은 빌립이 "읽는 것을 깨닫느냐?" 하고 묻자 내시는 "지도해 주는 사람이 없으니 어찌 깨달을 수 있느냐?"(행 8:31) 하고 대답한다. 그러자 빌립이 내시에게 성경 말씀을 풀어 예수님에 관한 복음을 전했다. 내시는 빌립에게 세례를 받고 기쁨에 차서 고국으로 돌아갔다.

초신자는 성경을 읽어도 무슨 뜻인지 잘 모르기 때문에 하나님의 은혜를 입은 해설가와 신앙 서적의 도움을 받아야 한다. 아이가 엄마 젖을 먹고 자라듯이 그리스도인은 설교, 양육, 다른 성도의 사랑을 먹고 자란다. 단단한 음식을 먹게 되기까지 다른 사람의 도움을 받아야 한다.

우리를 지으신 창조주 하나님은 우리 자신보다 우리를 더 잘 아신다. 우리에게 필요한 것이 무엇인지, 우리를 인도하는 최선의 방식이 무엇인지 아신다. 그래서 각 사람에게 맞는 방식으로 다가가신다. 같은 성경 본문을 읽는다 해도 사람마다 깨닫고 은혜받는 부분이 다르다. 각 개인뿐 아니라 교회와 교단도 마찬가지다. 하나님이 부흥을 허락하셔서 영국에서는 감리교가, 미국에서는 침례교가, 20세기 초반에는 오순절 계통의 교회가 새롭게 시작되었다. 사실 교파는 그리스도의 복음이 다른 시간, 다른 장소에서 계속 역사하고 있다는 증거다.[2]

예수님은 각 사람에게 맞는 방식으로 만나 주셨다. 바리새인 관원이자 유대인인 니고데모와 남편 다섯을 둔 사마리아 수가성 여인을 한자리에 앉혀 놓고 동일한 말씀으로 설교하지 않으셨다. 니고데모에게는 거듭남, 하나님 나라, 성령, 인자가 들려야 함, 정죄와 심판을 말씀하셨다. 그러나 사마리아 여인에게는 좀더 쉬운 말씀을 하셨다. "영원히 목마르지 않는 물을 주겠다, 네 남편을 불러오라, 예배 장소로 말꼬리를 돌리지 말고 하나님을 영과 진리로 예배하라." 예수님은 사마리아 여인에게 남편 문제를 넘어서라고 말씀하신 것이다. 니고데모에게는 부자 관원에게 하듯 "네 소유를 다 팔고 나를 따르라" 하지 않으시고, 바리새인에게 하듯 "독사의 자식"이나 "회칠한 무덤"이라 하지 않으신다. 육신의 규정에 매인 니고데모에게는 성령으로 거듭나라고 말씀하신다.

이 한 번의 만남으로 사마리아 여인은 선교사가 된다. 우물가에서 만난 예수님이 그리스도이신 줄 깨닫고는 물동이를 버려두고 마을로 가서 사람들에게 말한다. "내가 행한 모든 일을 내게 말한 사람을 와서 보라 이는 그리스도가 아니냐"(요 4:29). 남편 다섯을 둔 여인에게 전도받은 사람들이 예수님을 만나고는 "우리가 친히 듣고 그가 참으로 세상의 구주신 줄 앎이라"고 고백한다. 이에 반해, 니고데모는 서서히 변화된다. 사람들의 눈을 피해 한밤중에 예수님을 찾아갔던 니고데모가 대제사장들과 바리새인들에게 예수님을 변호하고(요 7:50-51), 십자가에서 죽으신 예수님의 시체를 모셔다가 세마포로 싸는 행동을 한다(요 19:39-40). 예수님은 사마리아 여인과 니고데모, 열두 제자에게 동일한 방법과 기준을 강요하지 않으신다. 극적인 체험을 하든, 묵묵히 오랫동안 예수님을 따르든 성경 말씀을 가르치며 제자로 기르신다.

오늘날 우리는 한 사람이 전하는 해석을 많은 사람이 듣는 방식으로 성경을 배운다. 설교자가 선포하는 말씀에 능력이 있어 다양한 역사가 일어난다. 그렇다면 모든 그리스도인이 하나님의 말씀을 가까이하여 묵상하고 깨달은 것을 서로 나눈다면 얼마나 더 풍성할까! 집사가 만난 하나님을 통해 장로가 배우고, 중학생이 깨달은 말씀을 듣고 교사가 하나님을 새롭게 알게 된다면 얼마나 좋을까! 성도의 고백에 목사가 하나님을 새롭게 만나고, 장로의 고백에 성도가 풍성함을 누린다면 하나님이 얼마나 기뻐하실까!

하나님의 말씀이 선포되지 못하면 인간의 말(명령, 규례, 전통)이 하나님 말씀의 권위를 입고 활개를 친다.[3] 마이클 호튼은 이렇게 말한다. "성경을 믿는다고 고백하는 교회에 가도 실제로 그리스도를 전하는 설교를 들을지, 다니엘처럼 용감한 사람이 되는 지침에 관해 들을지 알 수가 없다. 문제는 성경이 명하는 바가 있느냐 없느냐가 아니다. 사람들이 이미 복음을 안다고 착각하기 때문에 명령만 듣고 있다는 것이다. 사실, 우리는 복음을 모른다."[4]

교회에 꽤 오랫동안 다녔다는 사람들조차 복음, 언약, 믿음이 무엇인지 제대로 설명하지 못하는 경우가 태반이다. 진지하게 고민하거나 깨닫지 않고 그냥 듣기만 해서 그렇다. 여기저기 우르르 몰려다니며 정보를 구하고, 다른 사람의 성공기에 귀 기울이느라 자신이 직접 성경을 읽고 고민하며 기도하고 분별하지 않는다. 그저 남들이 간 길을 그대로 따라간다. 이런 사람은 바울이 경고한 대로 "항상 배우나 끝내 진리의 지식에 이를 수 없는 사람"과 같다(딤후 3:7).

욥의 친구들은 고난당한 욥을 위로하지 않고 자신의 설명만 늘어놓는다. 그들의 설명은 정확하다. 오히려 하나님 앞에서 의롭다고 외치는 욥이 이상하다. 논리로 따지면 욥의 주장은 어설프기 짝이 없다. 그러나 욥은 고난을 직접 겪어 냈고, 욥의 친구들은 실제가 없는 공허한 이론만 늘어놓았다. 우리가 삶의 현장에서 깨지고 걷어차이며 넘어질 때 우리와 함께하시는 분이 계시다. 바로 예수님이시다. 육신을 입고 이 땅에 오신 예수님은 목수인 아버지를 도와 망치질을 하다가 손을 다치기도 하고 손바닥에 굳은살도 생겼을 것이다. 그뿐 아니라 수많은 멸시와 조롱과 질고를 겪으셨다. 그래서 예수님은 우리가 어떤 형편에 처해 있든지 아주 깊이 이해하고 위로하신다.

하나님이 임재하시는 교회에 가고 싶다며 이 교회 저 교회를 기웃거리는 사람은 사실 자기 성향에 맞는 교회를 찾아다니는 것이다. 자신에게 맞는 교회에 정착한다 해도 믿음이 성장함에 따라 더 높은 수준을 원하거나, 교회에 어떤 변화가 생기면 또다시 옮기려 한다. 그러므로 자기 성향에 맞는 교회를 찾아다니거나 설교를 듣는 것으로는 부족하다. 한 사람이 해석하고 적용까지 해주는 설교로는 충분하지 않다. 고민 없이 듣고 열매만 따려고 하면 부작용이 생긴다. 설교, 위로와 권면, 경계와 책망을 디딤돌로 삼아 각 성도가 하나님 앞에 나아가 성경 말씀을 붙들고 몸부림치며 살아 내야 한다.

하나님은 모든 그리스도인에게 말씀하신다. 각 사람이 하나님 앞에

홀로 나아가 말씀을 붙들고 씨름하다 보면, 어느 날 문득 말씀이 깨달아지는 은혜를 경험하게 된다. 정말 좋은 책은 읽는 사람에게 맞는 책이다. 책을 잘 아는 사람이 해설해 주면 쉽게 이해가 되고 고개를 끄덕이게 되지만, 자신이 직접 책을 읽지 않으면 소용이 없다. 책장에 아무리 좋은 책이 가득 꽂혀 있어도 꺼내 읽지 않으면 빛 좋은 개살구에 불과하다. 하나님의 음성을 듣고 싶다면 직접 성경을 읽기 시작하라.

2. 성경은 성경으로 해석하라

창세기 1장을 읽고 어떤 사람은 창조과학에 관심을 갖고, 다른 사람은 환경문제에 뛰어든다. 시인이 되는 사람이 있는 반면에, 다스리고 정복하려고 덤비는 사람도 있다. 혹은 성경을 신화로 보는 사람도 있다. 우리는 자신이 좋아하는 것, 보고 싶은 것만 보려는 경향이 있다. 그래서 같은 것을 보고 자신과 다르게 생각하는 사람을 비판한다. 서로 다른 성경 구절을 좋아하면 용납하지만, 같은 성경 구절을 다르게 해석하면 다툰다.

21세기 대한민국에서 받은 교육과 문화, 개인의 성향으로 성경을 읽으면 제대로 이해하기 어렵다. 성경이 기록된 당시를 염두에 두고 읽어야 올바로 이해할 수 있다. 민중운동에 관심이 있는 한 친구가 이런 말을 한 적이 있다. "이스라엘 백성이 다른 나라들처럼 왕을 달라고 요구했을 때 하나님이 반대하셨다는 걸 오늘에서야 알았어. 사무엘상 8장에 그런 내용이 나오는 줄 몰랐네. 왕을 요구하는 백성에게 하나님이 '왕은 백성에게 강제로 자기 마차를 몰게 하고 양을 치게 하고 자기 밭에서 일하게 한다'고 하시더군. 넌 알고 있었니?"

하나님은 이미 모세에게 왕에 대해 말씀하신 적이 있다(신 17:14-20). 권력을 잡은 자의 횡포에 대해 말씀하셨는데도 이스라엘 백성은 왕을 원했다. 민중운동에 관심이 있는 그 친구는 "각 사람은 위에 있는 권세들에게 복종하라"(롬 13:1)는 말씀을 '정부가 하는 일에 순종하라'로 해석하는 설교에 실망하여 교회를 떠났다. 가난한 이웃의 고통이 끝나지 않을 것 같은 현실에서 '권세들에게 복종하라'는 설교를 들은 청년들은 분노했다. 불같은 열정으로 교회에 다니던 형제들이 성경에서 자기 생각을 뒷받침하는 증거만 찾다가 결국 하나님을 떠났다.

하나님이 권력자를 지지하는 분이 아니라는 걸 알게 된 그 친구가 다시 하나님께로 돌아왔을까? 안타깝게도, 그 친구는 하나님이 백성 위에 군림하는 지도자를 원치 않으신다는 말씀을 대항의 근거로 삼아 자기 길로 갔다. 목회자의 세금 납부 문제, 동성애 문제, 이념 문제를 비롯한 여러 이슈를 가지고 사람들은 각기 다른 생각으로 성경을 살핀다. 자기 신념을 뒷받침하는 증거를 성경에서 찾느라 바빠서 하나님의 말씀에 귀를 기울이지 않는다. 자기 생각에 성경을 덧바르다 보니 점점 하나님의 뜻과는 멀어진다.

전두환, 노태우 정권 시절에는 목사들이 "각 사람은 위에 있는 권세들에게 복종하라 권세는 하나님으로부터 나지 않음이 없나니 모든 권세는 다 하나님께서 정하신 바라"(롬 13:1)는 말씀으로 설교했다. 하나님은 시위와 투쟁보다는 잘못된 권위라도 순종하기를 기뻐하신다고 설교했다. 요한계시록에 로마의 권세가 멸망당할 '음녀'로 표현되어 있지만 그것에 대해서는 말하지 않았다. 정권이 바뀌고 김대중, 노무현 정부가 들어서자 갑자기 태도를 바꿔 불의한 지도자에 대한 하나님의 심판을 설교했다. 이전 정권에서는 전혀 하지 않았던 설교다. 성경도 모르고 일관성도 없는 태도라 할 수 있다.

다산 정약용은 옛 문헌을 널리 참고하여 경전으로 경전을 증거하여 해석하라고 말했다. 하물며 하나님의 말씀은 어떻겠는가? 성경으로 성경을 해석하려면 성경 전체를 알아야 가능하다. 같은 맥락에서 말한 다른 부분을 찾아 살펴보면 좀더 분명히 이해하게 된다. 줄곧 말하던 내용과 다른 부분이 나오면, 문자 그대로 받아들이지 말고 정황과 문맥을 살펴보아야 한다. 그렇지 않으면 코끼리 다리만 만지고서 코끼리는 나무껍질처럼 생긴 동물이라고 말하는 셈이다.

빌립보서를 읽을 때는 바울이 빌립보 교회를 설립한 역사(행 16:6-40), 복음서에서 하나님과 예수님의 관계를 설명한 부분을 함께 읽어야 풍성하게 이해할 수 있다. 히브리서는 레위기와 제사 제도를 알아야 제대로 이해할 수 있다. 구약의 제사 제도를 알아야 "은혜의 보좌 앞에 담대히 나아갈 것이니라"(히 4:16)는 말씀이 얼마나 감격스러운지 알게 된다. 구약의 율법을 모르면서 '율법을 완성하신 예수님'을 알 수 없다. 요한계시록에는 구약 관련 구절이 518회나 나오는데, 요한은 한 번도 그대로 인용하지 않았다.[5] 구약 말씀을 소화하여 자신의 말로 기록했다. 구약을 무시하고 요한계시록을 읽으면 상징과 날짜, 숫자에 빠져 엉뚱한 것에 초첨을 맞추게 된다.

에스겔과 다니엘은 동시대 인물이다. 다니엘은 이스라엘을 멸망시킨 적국에서 최고위직 총리에 올랐다. 우리나라로 치면 조선총독부 총독과 같은 자리다. 반면에 에스겔은 재야인사다. 하나님은 에스겔에게 이스라엘 족속의 죄악을 담당하게 하신다. 그는 왼쪽으로 누워 390일 동안 이스라엘 족속의 죄악을 담당하고, 오른쪽으로 누워 40일 동안 유다 족속의 죄악을 담당한다(겔 4:4-6). 그리고 하나님의 말씀에 따라 소똥을 땔감으로 사용하여 떡을 구워 먹기도 한다(겔 4:15). 하나님은 동시대에 살았지만 전혀 다른 자리에 있는 두 사람에게 말씀하셨다. 다니엘서와 에스겔서를 함께 읽어 보라.

바리새인이며 유대인의 관원인 니고데모는 "나무에 달린 자는 하나님께 저주를 받았음이니라"(신 21:23)는 신명기 말씀을 잘 알았을 것이다. 그런데도 십자가에 달린 예수님의 시체를 가져다가 유대인의 장례법대로 향품과 함께 세마포로 쌌다. 구약 율법을 잘 모르는 사람은 니고데모가 고귀한 일을 했다고 말할 것이다. 그러나 레위기를 아는 사람은 니고데모가 말도 안 되는 일을 했다는 걸 안다. 시체로 인한 부정을 싫어하는 바리새인 니고데모가 유월절에 가족을 만나거나 음식을 먹을 수도 없는 부정한 몸이 되어 버린 것이다. 그는 우리가 알지 못하는 거리낌과 불편함, 부정을 기꺼이 감수하며 예수님의 시체를 만졌다. 왜 그랬을까?

니고데모는 예수님을 만난 후로 변화되어 율법을 뛰어넘었다. 시체로 인한 부정을 생각하기보다는 먼저 하나님이 무엇을 기뻐하실지를 생각하여 행한 것이다. "진리를 따르는 자는 빛으로 오나니 이는 그 행위가 하나님 안에서 행한 것임을 나타내려 함이라"(요 3:21). 니고데모는 예수님이 하신 말씀을 행했다. 성경으로 성경을 해석할 때 하나님의 뜻을 분명히 알게 된다.

'관주'와 '주석'은 성경으로 성경을 해석할 때 유익하다. 성경학자들이 함께 읽어야 할 관련 구절을 찾아 성경 각 절 뒤에 작은 글씨로 적어 놓은 것이 관주다. 관주는 우리가 미처 생각하지 못한 내용을 보게 해준다. 주석은 성경 본문과 관련된 사건이나 인물, 관련 구절을 소개하는데, 유일한 해석으로 받아들일 것이 아니라 참고자료로 사용하는 것이 좋다. 또한 유용한 성경 인터넷 사이트도 많다. 나는 한글은 '대한성서공회', 영어는 'biblehub.com'을 주로 이용한다. biblehub.com은 영어 번역 19개를 동시에 보여 주어 낱말의 정확한 뜻을 이해하도록 도와준다.

다시 한번 말하지만, 성경은 성경으로 해석해야 한다. 하나님이 성경 전체에서 일관되게 말씀하신 바를 넘어서지 말아야 한다. 아무리 성경을 잘 알아도 하나님이 아니라 자신이 주인이 되면 말씀은 역사하지 않는다. 성경은 아브라함의 꿈을 기록하지 않는다. 에덴 동산으로 돌아가겠다고 분투한 아담의 꿈도 기록하지 않는다. 그리스도 없이 제국을 세우려는 소망은 욕망의 찌꺼기에 불과하다. 사람이 계획하고 세운 나라는 결국 무너져 내린다. 사람이 세운 교회 역시 무너진다. "이 사상과 이 소행이 사람으로부터 났으면 무너질 것이요"(행 5:38).

3. 성경이 기록된 시간과 공간을 이해하라

역사(History)는 하나님(His)의 이야기(Story)다. 하나님은 역사를 초월하여 존재하시지만 우리가 이해할 수 있도록 역사와 문화를 바탕으로 말씀하셨다. 성경을 읽을 때 역사나 문화적 배경과 상관없이 뚝 떨어진 계시로 받아들이는 것만큼 위험한 것도 없다. 아브라함이 갈대아 우르를 떠나 가나안으로 갈 때 ktx를 탔을 리 없다. 유목민이 양떼를 몰고 목초지를 찾아다니듯이 옮겨 갔다. 4천 년 전에 안전한 대도시를 떠나 국제협약의 보호를 받지 않고 천 킬로미터 넘게 양떼를 몰고 간 것이다. 그래서 가나안으로 가는 길에 국경도시 하란에서 멈춰 자리를 잡은 상황이 어느 정도 이해가 된다(창 11:31).

가장 최근 기록인 요한계시록도 2천 년 전에 기록되었다. 21세기를 살아가는 우리 눈으로 성경을 읽으면 이해하기 어렵다. 그들이 살았던 환경과 문화를 알아야 제대로 이해할 수 있다. 아브라함, 모세, 예수님이 오늘날 한국교회에서 선포되는 설교를 듣는다면 어떨까? 말도 안 되는 해석을 진리라고 선포한다며 화를 내지는 않을까? 우리는 성경 말씀을 처음 들었던 당시 사람의 입장에서 들어야 한다.

아브라함부터 요셉에 이르는 족장 시대의 문화와 배경(창세기), 가나안 정복전쟁(여호수아), 사사시대(사사기)와 왕조시대(열왕기상하, 역대상하)의 문화, 앗수르와 바벨론에게 침략당할 때의 분위기(선지서), 예수님이 사역하시던 당시(복음서)와 예수님이 승천하신 이후(서신서)를 같은 배경으로 생각하고 읽으면 안 된다. 현대 문화의 안경을 쓰고 2천 년 전 예수님 시대, 4천 년 전 아브라함 시대를 보면 초점이 맞지 않을 것이다. 예수님이 오늘날 우리나라에 태어나셨다면 비유의 내용이 완전히 달라질 것이다. 기름을 준비하지 못한 열 처녀 대신, 명절에 귀향 차표를 못 구한 사람의 이야기를 하시지 않을까?

우리가 잘 알고 있다고 생각하는 아브라함의 종 엘리에셀이 이삭의 아내를 얻는 이야기의 배경을 살펴보자. 엘리에셀이 이삭의 아내를 얻기 위해 낙타 열 필을 끌고 메소포타미아로 갔다. 저녁 무렵 나홀의 성에 도착했는데, 마침 여인들이 물을 길으러 나오는 시각이었다. 엘리에셀은 자신이 물을 달라고 청할 때 낙타에게도 물을 먹이겠다고 하는 소녀를 만나면 하나님이 정하신 사람으로 알겠다고 기도한다. 낙타는 보통 80리터를 마신다. 열 필을 끌고 갔으니 800리터가 필요하다. 당시 물 항아리에는 12리터를 담을 수 있었는데, 낙타가 40리터씩 마신다고 해도 소녀는 30회 이상 우물로 가야 했다. 이런 사실을 알면, 하나님의 은혜로 리브가를 만났다 정도가 아니라 환대, 성실함, 평소 노동으로 다져진 체력을 보려 했던 엘리에셀의 지혜에 하나님이 응답하셨음을 깨닫게 된다.

성경에는 양과 염소 비유가 종종 나온다. 양과 염소에 대한 지식이 어느 정도 있어야 그 비유를 이해할 수 있다. 이스라엘 목자는 양과 염소를 함께 기르는데, 부산하게 돌아다니는 염소 뒤를 양이 따라다니며 풀을 먹게 한다. 그래야 양이 골고루 먹고 많이 움직여 건강해진다. 그리고 양은 털이 많아 밖에서 자도 되지만, 염소는 추위에 약해서 우리에 넣어야 한다. 밤중에 양과 염소는 한 장소에 둘 수 없었다. 당시 이스라엘 백성은 예수님이 말씀하신 양과 염소 이야기를 쉽게 알아들었지만, 비유에 담긴 뜻은 몰랐다. 반대로, 우리는 해석을 들어서 비유에 담긴 뜻은 알지만 의인과 죄인을 가르는 이야기에 왜 양과 염소가 나오는지는 모른다. 당시 시대와 장소를 모르기에 그저 양은 좋고 염소는 나쁘다고 생각한다.

동시대를 살아가는 사람이라도 생각과 수준이 서로 다르다. 예수님이 5천 명이 모인 곳에서 하신 말씀과 제자들과 함께 거하실 때 하신 말씀이 다르다. 공적인 자리에서 하신 말씀과 사적인 자리에서 하신 말씀의 내용과 기대치가 다르다. 갈릴리 호수와 겟세마네 동산에서 하신 말씀의 분위기와 내용이 다르다. 제자들에게 하신 말씀(눅 6:20-49, 8:9-18), 바리새인 시몬에게 하신 말씀(눅 7:40-47), 무리에게 하신 말씀(눅 8:4-8)이 다르다.

예수님이 베데스다 연못에서 38년 된 병자를 고치신 이야기를 살펴보자. "그 후에 유대인의 명절이 되어 예수께서 예루살렘에 올라가시니라 예루살렘에 있는 양문 곁에 히브리 말로 베데스다라 하는 못이 있는데…거기 서른여덟 해 된 병자가 있더라"(요 5:1-5). 유대인은 명절이 되면 예루살렘으로 올라간다. 양문은 번제에 쓰이는 양이 드나드는 문이다. 양문을 지난 양은 예루살렘 성전에서 제물로 드려진다. 그러므로 양문은 성전 제사를 위한 핵심장소라 할 수 있다. 느헤미야가 성벽을 재건할 때 대제사장과 동료 제사장들이 가장 먼저 양문을 건축하여 하나님께 바쳤다(느 3:1). 베데스다 연못은 양문과 성전 사이에 있다. 병자들은 베데스다 연못에서 양이 지나가는 소리와 성전에서 예배하는 소리를 듣는다. 그 소리를 듣는 병자들의 소원이 무엇일까? 이것을 알면 베데스다 이야기가 훨씬 풍성해진다. 성경을 올바로 이해하려면 말씀이 선포된 시대와 장소에서 무슨 일이 일어났는지, 그 일이 당대 사람들에게 어떤 의미였는지 살펴보아야 한다.

여리고 성 전투를 예로 들어보자. "여리고 성은 어떻게 무너졌나요?"라는 질문에 대부분의 사람들이 "7일 동안 돌아서요!"라고 대답한다. 그러면 이렇게 결론을 내린다. "맞아요. 여리고 성을 무너뜨린 하나님께서 지금 우리의 문제를 해결해 주실 것입니다!" 그러면 "아멘!"이라고 응답한다. 하지만 이런 적용은 옳지 않다. 성경을 제대로 관찰하지 않고 자의적으로 해석하여 단순화시키거나 강요하면 하나님의 말씀을 잘못 적용하는 것이다.

먼저 여리고 성 전투가 일어난 시대와 장소, 역사적 상황을 살펴보자. 여호수아는 이스라엘 백성을 이끌고 여리고로 가기 위해 요단 강을 건넌다. 그때는 추수기간이라서 제방까지 물이 가득 차올랐다. 언약궤를 멘 제사장들의 발이 요단 강물에 잠기자 위에서부터 흐르던 물이 멈췄고, 이스라엘 백성은 여리고 맞은편으로 건너갔다. 하나님이 강물 사이로 길을 내셔서 건너왔으므로 하나님이 다시 길을 내시지 않으면 돌아가지 못한다. 그런데 하나님이 돌아가게 하지 않으실 테니 배수진을 친 셈이다.

이스라엘 백성이 요단 강을 건넌 일을 듣고 모든 이방민족이 두려워할 때 하나님은 이스라엘 자손에게 할례를 명하신다. 요단 강을 건너 사기가 하늘을 찌를 때 여리고 성을 공격하는 것이 유리하다. 그런데 이스라엘은 하나님의 명령에 따라 할례를 행한다. 할례는 포경수술과 비슷해서 일주일 정도는 움직이기 어렵다. 배수진을 친 상황에서 이스라엘의 모든 남자가 무방비 상태로 진에 머물렀다. 하나님은 적군을 눈앞에 두고 "정말로 나를 의지하느냐?" 하고 물으시는 것이다.

이스라엘은 하나님의 명령에 따라 여리고 성을 6일 동안 한 번씩 돌고, 일곱 째 날에는 일곱 번 돌았다. 이 말씀을 아무런 생각 없이 읽으면, 이스라엘 백성이 돌아서 여리고 성이 무너졌다고 믿을 것이다. '여러분이 성을 도는 동안 여리고 주민이 조롱할 것입니다. 그러나 여러분은 하나님을 생각하면서 조용히 돌기만 하세요. 6일 동안 한 번씩 돌고 마지막 날에는 일곱 번을 돌고 큰 소리로 외치세요. 드디어 여리고 성이 무너집니다'라고 생각하면 안 된다. 근거 없는 묵상은 감동을 쥐어짜 낸다. 신령하게 보인다고 해도 뼈대가 없다.

여리고 성을 한 번 도는 데 시간이 얼마나 걸렸을까? 장정만 60만이니 여자와 아이까지 하면 200만은 될 것이다. 만 명(100명씩 100줄)이 한꺼번에 움직이는데 1분이라고 치면, 모든 사람이 움직이는데 200분은 족히 걸린다. 여리고 성 둘레가 5킬로미터 정도이므로 공격을 피해 떨어져 돌았다면 6-7킬로미터쯤 된다. 여자와 아이가 있으니 한 바퀴 도는데 한 시간 반은 걸렸을 것이다. 즉 진영에서 출발한 사람이 돌아올 때 출발조차 못한 사람이 있었을 것이다.

일곱 째 날에는 일곱 번 돌아야 한다. 이스라엘이 추수하고(수 3:15), 유월절을 지키는 시기(수 5:10)는 3-4월이다. 그 시기에는 해가 14시간 이상 떠 있지 않는다. 그러면 두 시간에 한 번은 돌아야 한다. 100명씩 100줄이 한꺼번에 도는데 200분이 걸린다면 아마 뛰거나 빨리 걸었을 것이다. 그 광경을 본 여리고 주민이 어떻게 반응했을까? 첫날에는 긴장했겠지만 6일이 지나도 아무런 변화가 없고, 7일째는 허둥지둥 빠르게

도는 것을 보고 비웃었을 것이다. 그러나 이스라엘 백성의 이상한 순종 앞에서 여리고 성이 무너진다.

이스라엘은 열흘이면 가는 거리를 40년간 돌고 돌면서 부모 세대가 죽어 가는 걸 보았다. 40년간 광야를 지겹게 돌았는데 여리고 성을 또 돈다. 이스라엘은 광야에서 끊임없이 불평했다. 물을 달라, 고기를 달라, 이집트로 돌아가게 해달라, 가나안 거민이 강해서 못 들어간다 하면서 하나님께 불평했다. 그런데 이스라엘이 여리고 성을 돌면서는 한 마디도 하지 못했다. 그 명령에 순종하자 여리고 성이 무너졌다. '여리고 성을 돌아서 무너졌다'는 이 한마디로는 다 표현할 수 없는 깊은 의미가 있다. 이처럼 성경이 기록된 시간과 공간을 이해하며 읽는다면, 성경을 보는 눈이 더 깊어지고 넓어질 것이다.

4. 자기 관점으로 읽지 마라

연말에 하는 말씀 뽑기, 선물용 말씀 액자에 주로 사용하는 구절이 있다. "네 시작은 미약하였으나 네 나중은 심히 창대하리라"(욥 8:7), "내게 능력 주시는 자 안에서 내가 모든 것을 할 수 있느니라"(빌 4:13), "강하고 담대하라 두려워하지 말며 놀라지 말라 네가 어디로 가든지 네 하나님 여호와가 너와 함께하느니라"(수 1:9) 등이다. 주로 희망과 용기를 주는 말씀, 위로와 평안을 약속하는 말씀들이다. "이 사람이 불의의 삯으로 밭을 사고 후에 몸이 곤두박질하여 배가 터져 창자가 다 흘러나온지라"(행 1:18)는 말씀은 기억하지 않는다. 좋게 들리지 않기 때문이다.

빌립보서 4장 13절("내게 능력 주시는 자 안에서 내가 모든 것을 할 수 있느니라") 말씀 앞에 "어떠한 형편에든지 나는 자족하기를 배웠노니 나는 비천에 처할 줄도 알고 풍부에 처할 줄도 알아 모든 일 곧 배부름과 배고픔과 풍부와 궁핍에도 처할 줄 아는 일체의 비결을 배웠노라"(빌 4:11-12)는 말씀이 나온다. 바울이 말한 '모든 것'은 '자족하는 것'이었다. 빌립보서 4장 뒷부분에는 '모든 것을 할 수 있는 사람'이 당하는 괴로움에 동참한 빌립보 교회를 칭찬하는 내용이 나온다. 바울이 할 수 있다고 고백한 '모든 것'은 '성공이나 소원 성취'가 아니라 '어떤 형편에서든지 하나님을 바라보는 믿음'이다.

초등학교 아이들은 자신에게 유리한 말만 부모에게 전하는 경향이 있다. 교사가 말한 내용 가운데 무엇이 중요한지를 자신이 결정한다. 자신을 힘들게 만드는 내용은 빼고 자신에게 유리한 내용만 전한다. 우리가 자기 관점으로 성경을 읽는다면 이런 초등학생 같은 수준이 아닐까? 좋아하는 말씀을 외우고 기억하는 건 나쁘지 않다. 성경 한 구절이 때로는 평안과 위로를 주고, 때로는 용기와 담대함을 준다. 마음이 흔들릴 때는 하나님을 붙잡도록 도와주기도 한다. 하나님의 말씀은 능력이 있어 우리를 하나님의 뜻으로 인도한다. 그러나 하나님의 뜻을 '자신이 좋아하는 성경 구절'로 제한하면 어떻게 될까?

어거스틴이 성경을 펼쳐서 나오는 말씀을 읽고 하나님께로 돌아왔다는 이야기를 듣고 누군가가 그대로 따라했다고 한다. 처음에 성경을 펼치자 "자기 집에 이르러 집을 정리하고 스스로 목매어 죽으매"(삼하 17:23)라는 말씀이 나왔다. 얼른 다른 곳을 펼치자 "오직 믿음으로 구하고 조금도 의심하지 말라 의심하는 자는 마치 바람에 밀려 요동하는 바다 물결 같으니"(약 1:6)라는 말씀이 나왔다. 혹시나 해서 다른 곳을 펼치자 "가서 너도 이와 같이 하라"(눅 10:37)는 말씀이 나온다면 순종해야 할까? 비록 이 예가 극단적이기는 하지만 우리에게 시사하는 바가 있다.

자신이 좋아하는 한두 구절에 빠지거나 자기 생각을 뒷받침하기 위해 성경을 이용하면 혼과 영과 관절과 골수를 찔러 쪼개는 말씀을 경험하지 못한다. 자기 생각을 뒷받침해 주는 구절을 보화로 삼고 얕은 물에서 찰박거리다 끝난다. 성경을 자의적으로 해석하면 하나님의 뜻을 왜곡하게 된다. 자기 관점으로 성경을 읽으려는 유혹은 역사가 깊다. 성경 박사라 할 수 있는 바리새인은 자기 생각에 매여 하나님께 가는 길을 가로막았다. 거짓 선지자는 말씀을 왜곡했고, 중세 천주교는 성도에게서 말씀을 빼앗았다. 사마리아 여인은 선입견을 버리고 예수님을 믿었지만, 한두 구절로 예수님을 판단한 유대인은 그분을 십자가에 못 박아 죽였다.

5. 질문하며 읽어라

바리새인은 하나님을 사랑했지만 예수님은 받아들이지 않았다. 하나님의 뜻을 확실히 안다고 생각하여 진리의 말씀인 예수님을 거부했다. 마음이 굳어 버린 그들은 하나님의 독생자를 죽이면서도 그분이 메시아인 줄 몰랐다. 이처럼 우리가 확실하게 안다고 생각하는 것조차 그림자에 불과한 것이 많다. 생각이 굳으면 질문하지 않는다. 성호 이익은 "자신을 새롭게 하려면 모름지기 훌륭한 스승을 만나야 하고, 스승을 만나려면 모름지기 묻기를 좋아해야 한다"고 말했다. 우리의 가장 훌륭한 스승은 성령님이다. 성경 말씀을 읽으면서 계속 성령님께 물어야 한다. 하나님은 구하는 자에게 말씀을 들려주신다.

성경을 바르게 읽으려면 쓰인 낱말이 무엇을 뜻하는지, 일어난 사건이나 등장인물의 말이 무엇을 뜻하는지 당대 사람들처럼 이해해야 한다. 동양식 사고는 성경을 '영적인 책'으로 보기 때문에 제대로 관찰하지 않는다. 그래서 "데라가 그 아들 아브람과 하란의 아들인 그의 손자 롯과 그의 며느리 아브람의 아내 사래를 데리고 갈대아인의 우르를 떠나 가나안 땅으로 가고자 하더니"(창 11:31)라는 구절에서 주어가 '아브람'이 아니라 '데라'라는 사실을 중요하게 여기지 않는다. 하나님이 하시는 말씀을 들을 때는 주어와 서술어를 따지고, 능동인지 수동인지 따지지 말아야 한다고 말한다. 그러나 말씀을 제대로 관찰하지 않으면, 정확히 무엇을 말하는지 모른다. 적당히 들은 대로 추측하고, 마음에 드는 구절만 읽으면 엉터리 영성으로 가 버린다.

성경을 읽을 때는 당연하게 받아들이지 말고, 낯선 이야기라 생각하고 자세히 관찰하며 질문하라. 성경에 기록된 내용이 무슨 의미인지, 왜 그런 일이 생겼는지 질문하며 읽어라. 바리새인과 서기관은 성경을 열심히 외웠지만 질문하지 않고 정답을 강요했다. 그들은 성경 말씀에 대한 질문을 하나님의 뜻을 이해하기 위해 애쓰는 모습이 아니라 의심이라고 생각했다. 말씀을 깨닫기 위해 묻는 것은 의심과 다르다. 성경에 기록된 많은 사람이 이런 과정을 거쳐 하나님께 나아갔다.

그러면 우리는 어떻게 질문해야 할까? 하나님이 하신 일에 대해서는 먼저 '왜'를 묻고 그 다음에 '어떻게' 하셨는지를 살펴보아야 한다. 하나님이 말씀으로 세상을 창조하신 일이 '어떻게' 가능한지를 따질 수 있을까? 하나님이 하신 일에 대해 우리가 옳다 그르다 할 수 없다. 이스라엘 백성이 진흙밭이나 갈대밭을 지나 홍해를 건넜다는 말을 들었다고 해도 어디를 지났는지 따질 필요가 없다. 전능하신 하나님은 이스라엘 백성으로 하여금 물 위를 걷게 하실 수도 있기 때문이다. 그런데 '왜' 이스라엘 백성으로 하여금 물 가운데로 지나가게 하셨는지 물어야 한다. 하나님이 왜 세상을 창조하셨는지, 왜 독생자를 이 땅에 보내셨는지 깊이 묵상해 보라.

사람이 한 일에 대해서는 '어떻게'를 먼저 보고 그 다음에 '왜'를 생각하라. 아브라함이 어떻게 믿음의 사람이 되었는지, 다윗이 어떤 마음으로 자신의 죄악을 드러내는 시편 51편을 노래로 부르게 했는지 생각해 보라. 우리도 같은 성정을 가진 사람이므로 사람의 반응은 따져 보면 알 수 있다. 그런데 대부분의 그리스도인이 이와 반대로 한다. 사람이 한 일은 무조건 믿고, 하나님이 하신 일은 정말로 가능한지를 따진다. 처음부터 믿음 좋은 아브라함, 능력 있는 하나님의 종 엘리야는 존재하지 않았다. 하나님의 은혜로 말미암아 그들의 믿음이 자란 것이다.

성경을 읽다 보면 질문이 생기는 게 당연하다. "이게 무슨 뜻이지? 어떻게 되었다는 말이지? 왜 이런 거지?" 하며 물어야 한다. 낱말 뜻을 넘어 문장을 읽고, 문맥을 읽으며 그 안에 담긴 하나님의 마음을 읽어 내야 한다. 성급하게 답을 찾으려고 하지 말고 계속 질문하라. 궁금하면 어떻게든 답을 찾아내지만 질문하지 않으면 아무것도 찾아내지 못한다. 그렇다고 자신이 답을 찾아 나선다고 생각하면 안 된다. 내가 말씀을 읽는 것이 아니라 말씀이 나를 읽게 하라. 하나님의 말씀이 나를 깨뜨리고 새롭게 하도록 자신을 내어 드려라.

바리새인은 묵상하며 깨닫고 행해야 할 말씀을 부드러운 마음으로 받아들이지 않고, 굳은 마음으로 강요했다. 돌비에 새겨진 규정에 매여 날마다 마음을 새롭게 해주시는 하나님을 만나지 못했다. 성경은 법전이 아니다. 교묘하게 만들어진 보험회사 약관이나 딱딱한 거래장부는 더더욱 아니다. 익숙한 성경 본문을 읽을 때는 영어 성경으로 보는 것도 좋다.

'의, 의로움, 공의'를 'justice, righteousness'로 읽으면 새롭다. 영어 성경을 해석하려고 끙끙대다 보면 이미 알고 있는 내용이 새롭게 다가온다. '아, 이런 말씀이었구나!' 하며 전율이 온몸을 훑고 지나간다. 성경을 이미 알고 있는 이야기로 생각하며 읽지 말고 낯선 이야기로 읽으며 질문하라. 살아 있는 말씀이 우리 마음의 중심을 꿰뚫고 지나갈 것이다.

6. 내용에 맞게 끊어서 읽어라

새해가 되면 성경 통독 계획을 세우는 사람이 많다. 하루에 한 장이나 세 장씩 읽으려는 목표를 정하고 실천하려고 애쓴다. 그런데 욥기를 하루에 세 장씩 읽으면 어떻게 될까? 1-3장을 읽는 첫째 날은 괜찮다. 욥의 시련에 대한 내용이다. 둘째 날에 4-6장을 읽으면 엘리바스와 논쟁하는 도중에 끝난다. 셋째 날은 욥이 소발에게 대답하다가 끝난다. 욥기를 이런 식으로 읽는다면, 제대로 이해하기 어렵다. 성경을 제대로 읽으려면, 본문을 잘 나누어야 한다. 내용에 따라 본문을 나누고 이해하면 전체가 한눈에 들어온다.

창세기는 다음과 같이 내용을 나눌 수 있다.

- 서막: 1-5장[1-2장(창조), 3-5장(타락)], 6-9장(홍수), 10-11장(바벨탑)
- 아브라함: 12-25장(12-15장, 16-19장, 20-22장, 23-25장)

- 야곱: 26-36장[26-28장(이삭과 야곱), 29-31장(밧단아람에 간 야곱), 32-33장(에서와 만남), 34-36장(디나 사건 이후)]
- 요셉: 37-50장[37-38장(요셉의 꿈, 유다와 다말), 39-41장(총리가 되기까지), 42-47장 26절(요셉과 가족의 만남), 47장 27절-50장(축복과 죽음)]

아브라함, 야곱, 요셉 이야기는 한번에 읽는 것이 좋다. 아브라함(14장), 야곱(11장), 요셉(14장) 이야기에 비해 이삭 이야기는 분량이 너무 작다. 아브라함과 야곱 사이에 끼어서 조금 나오다 만다. 왜 그럴까? 배경을 한번 살펴보자.

아브라함은 이삭이 태어난 뒤 이스마엘을 내보내고 평안을 되찾는다. 브엘세바에 에셀나무를 심고 하나님께 예배드린 후 블레셋 족속의 땅에서 여러 날을 지낸다. 나무를 심는다는 건 열매를 거둘 때까지 머무르겠다는 뜻이다. 아브라함이 평안하게 지내고 있는데, 하나님이 이삭을 바치라고 명하신다. 가나안에 와서 온갖 어려움을 겪다가 이제야 평안을 찾았는데 하나님이 아브라함을 흔드신다.

아브라함은 하나님의 말씀에 순종하여 이삭을 바치려고 번제에 쓸 나무를 쪼개 가지고 길을 떠난다. 이삭을 번제로 바치는 일은 화장(火葬)과 비슷하다. 사람을 불태우려면 나무가 많이 필요하다. 그래서 길을 떠날 때부터 지고 간다. 길을 떠난 지 사흘 만에 아브라함은 종과 나귀를 남겨두고 이삭만 데리고 모리아 산으로 올라간다. 아브라함은 불과 칼을 들고, 이삭은 나무를 지고 올라간다. 번제에 쓸 나무를 지고 산을 올라갈 정도면 이삭이 건장한 청년일 거라고 추정할 수 있다. 튼튼한 아브라함이 어린 이삭에게 나무를 지우고 자신은 불과 칼만 들고 갈 리 없다. 만일 이삭이 20세라고 하면 아브라함은 120세다.

아브라함이 이삭을 묶어서 제단 장작 위에 올려놓았을 때 이삭이 반항했다면 어떻게 되었을까? 아브라함이 힘이 세서 이삭을 제압하고 번제로 드린 게 아니다. 이삭이 아버지 명령에 순종하여 번제단 위에 올라가 죽기로 작정한 것이다. 이삭은 아버지의 뜻에 순종하여 나무를 지고 모리아 산을 올랐다. 신약성경에도 이 같은 사람이 나온다. 아버지 말씀에 순종하여 나무를 지고 죽으러 가는 아들! 바로 예수님이시다. 예수님은 힌놈의 골짜기를 지나 골고다 언덕에서 십자가를 지셨다. 이삭이 드려진 모리아 산은 예루살렘 성전이 있는 곳이다. 예수님이 십자가를 지고 돌아가신 곳도 예루살렘이다.

아브라함이 이삭을 죽이려 할 때 하나님은 "그 아이에게 네 손을 대지 말라 그에게 아무 일도 하지 말라 네가 네 아들 네 독자까지도 내게 아끼지 아니하였으니 내가 이제야 네가 하나님을 경외하는 줄을 아노라"(창 22:12)고 말씀하신다. 하나님이 모르시다가 '이제야' 알게 되었다는 뜻이 아니다. 전지전능하신 하나님은 모르시는 것이 없다. '이제야'라는 표현은 아브라함과 이삭을 위해 사용하신 것이다. '이제야'라는 말로 아브라함과 이삭의 믿음을 인정하셨다. 이삭은 자신을 기꺼이 하나님께

드렸다. 그래서 하나님이 이삭의 이후 삶을 평탄하게 하셔서 성경에 많이 나오지 않는다는 생각이 든다.

창세기는 내용에 따라 끊어 읽는 것이 좋지만, 서신서는 처음부터 끝까지 한번에 읽는 것이 좋다. 편지가 길다고 중간중간 끊어서 읽는 사람은 없다. 편지를 쓴 이유와 그 내용이 무엇인지 파악하며 읽어라. 또한 소선지서(호세아부터 말라기까지)도 한번에 읽는 것이 좋다. 성경을 읽는 힘이 붙으면, 긴 내용(사무엘상하, 열왕기상하, 역대상하, 이사야, 예레미야, 에스겔, 복음서, 사도행전 등)도 한 호흡에 읽기를 권한다. 성경 두루마리를 통째로 먹은 에스겔은 하나님의 말씀이 꿀처럼 달다(겔 3:3)는 것을 보여 준다.[6]

7. 성경을 보는 깊이와 넓이를 갖추라

전쟁에 임하는 군사와 사령관의 시각은 서로 다르다. 군사는 자신의 눈앞에 있는 것만 본다. 소총수는 소총을 쏘고, 포병은 포를 쏜다. 한 가지 일, 즉 세부 영역을 깊이 아는 전문가라 할 수 있다. 반면에 사령관은 전쟁의 전체 상황을 본다. 전쟁에 쓰이는 모든 무기를 전문가처럼 다루지는 못하지만 각 무기의 특징을 알고 있으며, 가장 적합한 곳에 투입하는 안목이 있다. 군사는 전문 분야에 깊이가 있고, 사령관은 큰 그림을 그리고 넓게 바라본다.

우리가 날마다 싸우는 영적 전쟁에서 가장 강력한 무기는 성경이다.

전쟁에서 승리하려면 무기를 잘 다루어야 하듯이, 성경을 잘 알아야 영적 전쟁에서 승리할 수 있다. 성경은 방대하므로 우선 자신이 은혜받고 좋아하는 본문부터 자세히 살펴보는 방식도 좋다. 특정한 전투 기술을 갖춘 군사처럼 말이다. 특별히 좋아하는 성경 인물이 있다면, 그와 관련된 내용을 찾아서 읽어라. 시를 좋아하면 시편을, 설교처럼 주어지는 말씀이 좋다면 서신서를, 부정과 불법에 물든 현대 사회를 비판하는 말씀이 좋다면 선지서부터 시작하라. 그렇게 성경 전체를 읽어 나가면 사령관의 관점이 생기게 된다. 성경 전체를 깊고 넓게 보는 훈련을 지속하면, 영적 전쟁에서 승리하고 하나님이 기뻐하시는 대로 살게 된다.

깊이를 갖추려면 성경의 한 부분을 완전히 내 것으로 만들라

오랫동안 교회에 다닌 사람들 중 자신이 성경의 주요 내용을 다 아는 것처럼 착각하는 사람이 있다. 그러나 실상은 그렇지 않은 경우가 많다. 성경 말씀을 분명히 깨닫지 못하면 어렵고 복잡한 문제가 닥쳐올 때 이겨 낼 힘이 없다. 성경 말씀이 마음에 새겨져 있지 않으면 바람에 나는 겨와 같이 이리저리 휩쓸린다. 적당히 들은 성경 내용으로는 부족하다. 자신이 직접 성경을 읽고 묵상하며 깨달아야 한다. 유진 피터슨은 '묵상하다'는 낱말을 개가 뼈다귀를 반복하여 물어뜯으며 갖고 노는 모습으로 설명한다.[7] 개는 이빨과 혀, 위장과 장기를 사용하여 뼈를 씹고 물어뜯는다. 갈비 하나를 금세 먹어 치우지 않는다. 뼈다귀를 맘껏 누린 뒤에도 버리지 않고 땅에 묻어 놓고 또다시 찾는다. 뼈다귀를 한 번 핥고 버리기에는 그것이 주는 기쁨이 매우 크기 때문이다.

성경 말씀을 깊이 묵상하는 방법 가운데 하나가 큐티다. 분주한 일상을 살아가는 대부분의 그리스도인들은 큐티 교재를 사용하여 묵상한다. 성경 본문을 읽고 주어진 질문에 간단하게 답하는 것으로 큐티를 끝낸다. 시간에 쫓기듯 10분 만에 끝내는 큐티로는 깊이 묵상하기 어렵다. 큐티 교재에 감동을 주는 이야기와 교훈, 설교가 함께 실려 있기도 하다. 하지만 수년 동안 큐티를 한다고 해도 이런 식으로 하면, 말씀을 깊이 있게 보기 어렵다. 짧은 본문을 붙들고 오랫동안 씨름해야 한다. 성경 한 장을 일주일 내내 씹고 소화시켜야 한다. 성경이 기록된 당시의 문화를 찾아보고, 지도를 살펴보고, 역사를 조사하면서 말씀을 읽고 묵상하라. 그러면 하나님이 어떤 분이신지, 내게 무엇을 말씀하시는지 깊이 깨닫게 된다.

모태신앙인 나는 습관적처럼 교회에 다녔다. 교회에 왔다 갔다 하면서 성경을 억지로 읽었다. 기쁨이나 묵상과는 거리가 멀었다. 그러다가 한국기독학생회(IVF) 수련회에서 이틀 내내 창세기 3장을 보는 시간을 갖게 되었다. 하와가 하나님의 뜻을 어기고 선악과를 따 먹는 내용을 보고 또 보았다. 개가 이빨로 물어뜯고 혀로 핥고 뼛조각을 씹어 먹을 정도로 묵상했다. 거듭 읽으면서 궁금한 질문이 많이 생겼다.

- 뱀은 들짐승이다(1절). 네 발을 가진 짐승일까? 저주를 받아 기어다니게 되었으니 들짐승일 때는 다리가 있었을까?
- 뱀이 들짐승 중에 가장 간교하다는데(1절), 죄가 없는 에덴 동산에서 '간교하다'는 말은 나쁜 뜻일까?
- 뱀이 여자에게 말을 한다(2절). 짐승이 말을 할 수 있을까? 요한계시록에 짐승이 말로 사람을 미혹하는 내용이 나오는데, 이와 같은 이야기일까?
- 뱀의 말에 하와는 왜 '짐승이 말을 하다니? 하나님의 말씀을 왜곡하다니?' 하지 않고 귀를 기울였을까?
- "하나님이 참으로 너희에게 동산 모든 나무의 열매를 먹지 말라 하시더냐"(1절)는 뱀의 말과 "하나님의 말씀에 너희는 먹지도 말고 만지지도 말라 너희가 죽을까 하노라 하셨느니라"(3절)는 하와의 말은 하나님이 말씀하신 내용과 어떻게 다른가?
- "너희가 결코 죽지 아니하리라"(4절)는 무엇을 뜻할까?
- 생명나무(tree of life)와 선악과(tree of the knowledge of good and evil)의 의미는 무엇일까? 선악과가 '지식의 나무'라면 지식이 인간을 죄악으로 몰고 간다는 것일까?

……

질문이 꼬리에 꼬리를 물고 이어졌다. '성경으로 성경을 해석한다'는 원칙에 따라 관련 구절을 찾았다. "여자가 그 나무를 본즉 먹음직도 하고

보암직도 하고 지혜롭게 할 만큼 탐스럽기도 한 나무인지라"(6절)를 읽으면서 육신의 정욕, 안목의 정욕, 이생의 자랑이 떠올랐다. "이는 세상에 있는 모든 것이 육신의 정욕과 안목의 정욕과 이생의 자랑이니 다 아버지께로부터 온 것이 아니요 세상으로부터 온 것이라"(요일 2:16). 그리고 예수님이 받으신 세 가지 시험과 같은 내용인지 비교했다. 그러면서 '말씀이 이런 거구나!'를 깨달았다. 말씀이 주는 기쁨과 함께 다음 말씀에 대한 갈급함이 얼마나 큰지 잠이 오지 않았다. 5일 동안 하루에 20시간씩 같은 성경 본문을 보고 또 보았지만 지겹거나 피곤하지 않았다. 눈은 초롱초롱하고 머리는 맑고 몸은 가벼웠다. 아무리 생각해도 놀라운 하나님의 은혜라고밖에는 설명할 길이 없다.

이러한 경험으로 인해 창세기는 내게 생수의 근원이 되었다. 창세기가 너무 좋아서 당시 문화를 설명하는 이야기라면 작은 것 하나도 놓치지 않고 기록했다. 아브라함에 대한 책을 읽고, 아브라함을 다루는 설교를 듣고, 아브라함의 여정을 지도에서 찾아 보았다. 창세기를 읽고 또 읽었다. '무슨 뜻일까, 무엇을 말하는 것일까, 왜 이렇게 했을까'를 곰곰이 생각하며 읽어 나가자 말씀이 달고 오묘하게 다가왔다. 깊은 우물에서 길어 올린 물맛을 본 사람이 계속 그 물을 찾아다니듯, 달고 오묘한 말씀을 맛보자 말씀 묵상을 그칠 수 없게 되었다.

넓이를 갖추려면 성경 전체를 꾸준히 통독하라

성경 전체를 한눈에 보려면 훈련이 필요하다. 우선 성경의 한 부분, 한 인물, 한 지역에서 생긴 일을 찾아보는 것부터 시작하자. 그동안 성경을 사건 중심으로 읽어 왔다면, 인물과 시대 중심으로 읽어 보라.

먼저 한 인물이 겪은 일을 모두 살펴보는 것도 좋다. 아브라함, 다윗, 바울 등이 겪은 일들을 살펴보라. 한 시대에 왕, 백성, 선지자가 어떻게 행했는지 살펴보고, 세계사에서 어떤 일이 있었는지 찾아보라. 성경을 한눈에 볼 수 있는 넓이를 갖추려면 오랜 시간이 걸린다. 꾸준히 성경을 읽으려면 깊이를 계속 맛보아야 가능하다. 조금씩 알아가는 기쁨이 지속되면 어느 순간 넓이를 갖추게 된다. 아무리 성경 통독을 많이 해도 연결해서 읽지 않으면 넓이를 갖추기 어렵다. 성경 전체를 바라보는 안목을 달라고 기도하며 성실하게 성경을 읽고 공부하라.

혹시 아브라함의 이야기를 파편으로 기억하는 건 아닌지 생각해 보라. 고향과 친척과 아버지의 집을 떠난 믿음(창 12장), 조카 롯에게 좋은 땅을 양보한 성품(창 13장), 소돔과 고모라를 무너뜨린 연합군과 싸워 롯을 구한 용기(창 14장), 소돔을 위해 하나님께 간구함(창 18장), 믿음으로 얻은 아들 이삭(창 21장), 이삭을 번제로 드린 순종(창 22장)을 따로따로 알고 있지는 않은가? 아브라함의 삶 전체를 보지 못하면, 아브라함이 대단해서 믿음의 조상이 되었다고 오해하게 된다.

아브라함의 이야기는 그의 삶 전체(창 12-25장)를 보아야 올바로 이해할 수 있다. 가나안 땅에 온 뒤로 아브라함은 삶은 평안하지 않았다. 땅도 없이 낯선 환경에서 고생하고, 파라오와 아비멜렉의 눈치를 보며, 롯과 다투고 전쟁에 휘말리며, 하나님을 신뢰하지 않아서 힘들게 25년을 보냈다. 하나님의 말씀을 믿지 못해 어려움을 겪으면서 아브라함은 하나님이 얼마나 신실하게 언약을 지키시는지 깨닫게 되었다. 언약의 증거인 이삭을 하나님께 바치는 믿음의 행동은 아브라함이 25년간 하나님을 경험한 뒤에 일어난다.

야곱, 요셉, 사사시대, 사울, 다윗, 왕정시대, 예수님, 바울 등을 하나님의 언약과 연결하여 읽어야 한다. 하지만 우리는 성경의 앞뒤 내용을 무시하고 자신이 좋아하는 구절로 만족하는 경향이 있다. 성경을 읽을 때 머리와 꼬리를 잘라내고 몸통만 읽으면 제대로 이해할 수 없다. 성경을 전체적으로 보지 않으면 편협하게 해석할 수밖에 없다. 자신이 믿고자 하는 바를 고집하며 성경을 읽기 시작했다면, 그 생각을 뒷받침할 만한 몇 개의 구절을 어렵지 않게 찾아낼 수 있다. 하지만 한두 구절을 떼어 내어 우격다짐으로 상황에 끼어 맞춘다고 해서 별볼일없는 생각에 타당성이 생기는 것은 아니다.[8]

성경은 보물찾기가 아니다. 번쩍이는 구절을 찾아 여기저기 헤매지 말고 성경 전체를 통독하라. 주요 몇몇 구절에 매이지 말고 전체를 보라. 과거는 현재에 영향을 미치고 현재는 미래에 영향을 미친다. 성급하게 한 부분만 보면 말씀을 왜곡하게 된다. 작은 일부에 매이면 원뜻을 놓치게 된다. 오랜 시간이 걸리더라도 성경 전체를 한눈에 볼 수 있는 훈련을 하기 바란다. 하나님이 인도하시는 한 사람의 전 인생을 읽고, 동일한 시대에 여러 인물들에게 하나님이 어떻게 일하셨는지 살펴보라. 그러면 구약이 신약을 풍성하게 함을 보게 될 것이다. 구약에 나타난 하나님의 약속과 예수 그리스도의 그림자를 보고 놀라게 될 것이다.

8. 하나님의 성품으로 적용하라

우리는 날마다 영적 전쟁을 치른다. 영적 전쟁에서 가장 강력한 무기는 하나님의 말씀이다. 하나님의 군사된 우리가 이 무기를 능숙하게 사용해야 전쟁에서 이길 수 있다. “하나님의 말씀은 살아 있고 활력이 있어 좌우에 날선 어떤 검보다도 예리하여 혼과 영과 및 관절과 골수를 쪼개기까지 하며 또 마음의 생각과 뜻을 판단하나니”(히 4:12). 성경을 읽고 어떻게 살아야 할지를 고민하지만 늘 적용이 같다면 심각하게 생각해 보아야 한다. 혹시 익숙한 말씀은 익숙하기 때문에 똑같이 적용하고, 낯선 말씀은 모르기 때문에 평소에 부족하다고 생각한 부분을 얼렁뚱땅 적용하지는 않는가?

좋은 군사는 두 가지를 갖춰야 한다. 첫째, 눈앞에 있는 적과 맞서야 한다. 적이 쳐들어오지 못하도록 자리를 지켜야 한다. 나를 무너뜨리려는 적과 맞서 싸워야 한다. 아브라함은 아내를 누이라고 속이며 안전하게 지내려는 마음과 싸워야 한다. 사울 왕은 다윗을 시기하는 마음과 맞서야 한다.

초등학교에서는 아이들에게 기본을 가르친다. 친구와 웃어른을 대하는 태도, 공동체에서 지켜야 할 태도, 자신을 관리하는 태도 등을 가르친다. 우리나라는 '신발을 신발장에 가지런히 넣어라, 선생님께 공손해라, 친구와 사이좋게 지내라, 수업시간에 집중해라' 등 여러 가지를 한꺼번에 가르친다. 그러나 교육 선진국에서는 하나씩 가르친다. '신발 앞코가 보이게 놓기'를 1년 내내 훈련한다. 그 다음 해에는 '줄 바르게 서기'를 훈련한다. 이것저것 눈에 보이는 대로 시키지 않고, 하나라도 몸에 배게 만든다. 잘못된 습관을 하나 고치면 다른 것도 고칠 능력이 생긴다고 믿기 때문이다.

이스라엘은 사마리아를 끔찍하게 싫어했다. 이스라엘에게 사마리아는 우리에게 일본과 같은 대상이었다. 예수님은 온 세상에 복음을 전하려면 사마리아를 넘어야 한다고 말씀하셨다. 우리를 가로막는 죄 문제를 해결하지 않고 그냥 두면, 하나님과 친밀한 교제를 누릴 수 없다. 하나님은 죄악과 함께 거할 수 없는 분이시기 때문이다. 내가 죄악 가운데 거하면 하나님이 슬퍼하신다. 하나님이 어떤 문제에 대해 구체적으로 말씀하시면, 그 문제와 맞서 싸우라.

나는 10년간 다른 사람을 비판하려는 마음과 싸웠다. 바리새인의 마음이 떠나지 않아 날마다 씨름했다. 가까스로 다른 사람을 비판하지 않게 되자, 나를 자랑하려는 마음이 덮쳐 왔다. 교만과 싸우면서 '자랑하는 마음'이 아니라 '나를 생각하는 마음'이 문제임을 깨닫게 되었다. 10년간 교만과 싸운 뒤로는 내 힘으로 하려는 마음, 즉 의지와 싸우고 있다. 물론 비판, 교만, 자아와 싸우면서도 온갖 종류의 작은 죄악과 맞서 싸웠다. 지금도 날마다 눈앞의 적과 치열하게 싸우는 중이다.

좋은 군사가 갖춰야 할 두 번째 조건은, 사령관의 명령에 귀 기울이는 것이다. 군사는 눈앞에 있는 적과 맞서 싸우면서도 사령관의 명령에 항상 귀를 열어 놓아야 한다. 적군을 이긴다고 해도 사령관의 명령에 순종하지 않으면 좋은 군사라고 할 수 없다. 군사는 적이 보이지 않을 때도, 전쟁이 끝난 것처럼 조용한 때도, 적에게 포위당해 절망의 나락에 떨어질 때도 사령관을 바라보아야 한다.

성경을 깊이 묵상하면 하나님이 누구신지 알게 되고 내가 누구인지 알게 된다. 대체로 말씀을 깨닫고 맛보는 과정에서 적용이 동시에 일어난다. 말씀을 깨닫고 어떤 행동을 하기로 결심하는 것도 중요하지만 생각이 하나님 중심으로 바뀌는 것이 더 중요하다. 어떤 행동규칙을 만들어 실천하는 것보다 하나님의 성품을 깨닫는 적용이 더 귀하다. 내 안에 생수가 흘러넘치면 두려움과 절망 앞에서도 하나님이 주시는 소망과 기쁨을 바라보게 된다. 말씀이 심령에 채워지는 과정 자체도 적용이라 볼 수 있다.

우리는 왜 성경을 읽고 큐티를 하는가? 하나님이 기뻐하시는 것을 깨닫고 행하기 위해서다. 그런데 큐티를 하고 성경 공부를 시작하면 무언가를 적용해야겠다는 마음이 앞서는 경우가 많다. 성경 말씀을 제대로 깨닫지 못해도 오늘 하루 무언가를 적용해야겠다고 생각한다. 대부분의 그리스도인들이 가장 쉽게 하는 결심은 '전도하고 기도하고 성경을 읽자'는 것이다. 그런데 무언가를 열심히 하려고 하면 지켜야 할 규정을 떠올리고 자연스럽게 규정에 얽매이게 된다. 그러나 예수님은 어떤 규정을 만들지 않으셨다. 성경을 잘 안다고 생각하는 사람들이 예상하지 못한 방식으로 말씀을 적용하셨다. 오늘 무엇을 해야 할지에 대한 말씀보다는 하나님과의 관계에 대한 말씀에 중점을 두셨다.

예수님은 세리와 죄인, 사마리아인까지 사랑하라고 말씀하신다. 형제를 미워하는 것은 살인이고, 여자를 보고 음욕을 품는 것은 간음이라고 말씀하신다. 예수님의 말씀을 규정으로 만들면 지킬 수 있는 사람이 있을까? 아마 한 사람도 없을 것이다. 규정을 내세워 이웃을 제한하는 바리새인과 달리, 예수님은 명확한 규정을 모호하게 만드신다. 예수님은 사람들이 멸시하는 니고데모와 수가성 여인을 인격적으로 대하셨다. 바리새인이 성경에서 규율을 읽을 때 예수님은 하나님의 사랑을 읽으셨다. 하나님의 성품을 알고 닮아 가는 것이야말로 진정한 적용이라 할 수 있다.

성경은 포괄적으로 답한다. 다이어트, 입시, 재정관리에 대해 일일이 말하지 않는다. 하나님과의 관계에 대해 말한다. 하나님을 알게 되면 하나님을 사랑하게 되고, 하나님이 기뻐하는 행동을 하게 된다. 우리 마음에 성경 말씀이 고이면 삶의 전 영역으로 흘러들어 간다. 말씀이 그리스도인의 삶을 통합한다. 하나님이 어떤 분이신지, 우리가 어떤 존재인지 억지로 찾지 않아도 내면에서 깨달음이 일어난다. 우리가 하나님의 성품을 알게 되면, 그분의 성품을 닮고 드러내며 살려고 애쓸 것이다. 그 노력이 규정을 지키려는 마음으로 나타날 수 있다. 하지만 그것은 하나님이 원하시는 삶의 본질이 아니다.

또한 성경은 우리를 위로한다. 위로받는 것이 곧 적용이다. 성경은 우리로 하여금 하나님의 사랑을 노래하게 만든다. 찬양하는 것이 곧 적용이다. 성경은 우리 마음을 감동시켜 새로운 일을 하게 한다. 늘 마음에 부담으로 남아 있는 습관을 버리는 것도 적용이다. 그러나 위로받고 노래하며 마음이 울렁여도 하나님을 닮아 가지 않는다면 다시 생각해 보아야 한다.

9. 성령의 인도하심을 따르라

성경은 인간의 지혜와 능력이 아니라 하나님의 은혜로 깨달을 수 있다. 성령의 인도하심 없는 지혜와 능력은 무신론자 니체와 리처드 도킨스를 만들어 낼 뿐이다. 성경은 편집되었고, 예수님은 실존인물이 아니라고 주장하는 이들은 박사학위가 있고, 고고학 전문가로 통하며, 고대 역사와 문화에 뛰어나다는 사람이다. 성경을 전부 외운다고 해도 성령의 조명 아래 있지 않으면 하나님의 말씀을 깨달을 수 없다.

성령의 인도하심 없이 성경을 해석하려 들면, 그릇 행하여 각기 제 길로 가게 된다(사 53:6). 유창한 설교 능력이 아무 소용없고, 아무리 열심히 헌신해도 하나님께 칭찬받지 못한다. 겸손하게 성령의 인도하심을 구하며 성경을 읽어야 한다. 학문과 지혜에 뛰어난 사울이 아니라 눈에 덮인 비늘이 벗겨지기를 기다리는 바울이 되어야 한다.

성경 지식을 많이 알면 유익하지만, 스스로 교만해진다면 차라리 모르는 게 낫다. 베뢰아의 유대 사람들은 바울과 실라가 전한 말씀을 간절한 마음으로 받고 날마다 성경을 상고했다(행 17:11). 상고한다는 말은 '모르는 것을 묻고, 미심쩍은 것을 더 캐묻고, 샅샅이 탐구하며 검증한다'는 뜻이다.[9] 스스로 읽고 캐물으며 탐구하고 검증해야 하지만 먼저 성령의 인도하심을 구하며 간절한 마음으로 말씀을 보아야 한다. 그렇지 않으면 상고가 아니라 지식을 자랑하고 뽐내는 것이 되어 버린다. 성경을 열심히 읽고 공부하다가 바리새인이 된다면 얼마나 안타까울까! 하나님의 은혜로 눈이 열려 성경을 보게 되었다면, 자신을 내세우며 다른 사람을 핍박하는 사울로 돌아가면 안 된다.

2차 세계대전 중 일본에 의해 중국 산둥 수용소에 억류되었던 랭던 길키는 수용소라는 제한된 환경에서 인간의 본성을 살펴보면서 이렇게 기록했다. "많은 그리스도인이 자신들의 율법을 즐거워하는 듯했다. 율법을 이용하여 믿음을 권유하면서 다른 사람보다 자신이 더 나은 존재임을 드러냈다. 다른 사람을 비난하는 도구로 이용하기도 했다. 그리고 자신들 보기에 스스로를 영적으로 높이는 도구로도 이용했다.…그들은 육체적인 죄를 피하고 '거룩'해지려고 미친 듯이 애쓰면서, 자신도 모르게 영적인 죄, 즉 교만, 거부, 사랑 없음이라는 더 무거운 죄에 빠지고 말았다. 바로 이것이 개신교인들의 삶에서 가장 큰 비극이라는 사실을 나는 계속해서 느꼈다."[10]

하나님은 우리가 아는 지식에 갇히지 않으신다. 우리가 아는 지식으로 하나님을 제한하고 있지는 않은지 살펴보라. 성경 지식을 아무리 많이 알아도 성령의 조명 아래 있지 않으면 가증하다. 성경은 우리의 생각을 뒷받침하는 도구가 아니라 하나님의 마음이 담긴 책이다. 성경을 직접 보든, 다양한 교재를 사용하든 하나님의 인도하심을 따르지 않으면 생명수를 맛보지 못한다. 지식과 요란한 말솜씨만 남기는 성경 공부는 차라리 안 하는 게 낫다. 오직 하나님의 은혜와 성령의 인도하심이 우리의 어두운 눈을 밝혀 준다.

우리는 성령의 인도하심을 잠잠히 기다려야 한다. 성급하게 우리의 생각을 내세우거나 어떤 규정을 만들도록 강요하면 안 된다. 내가 말씀을 읽고 해석하는 수준을 넘어, 말씀이 나를 읽고 해석하도록 내어 드려야 한다. 하나님의 말씀을 기대하며 믿음으로 기다려라. 하나님은 우리를 동역자로 부르시고, 연약한 우리와 함께 하나님 나라를 이뤄 가신다.

또한 우리 스스로 말씀을 찾아 나서야 한다. 이스라엘 백성은 하나님이 주신 만나를 날마다 거두러 나가야 했다. 루터는 구약을 독일어로 번역하려고 마흔 살의 나이에 히브리어를 배웠다.[11] 또한 모세의 율법에 나오는 희생정신을 이해하기 위해서 양의 내장을 연구하려고 정육점 주인이 양을 해부하는 것도 지켜보았다.[12] 루터가 머리로 이해하려고 정육점에 쭈그려 앉은 것이 아니다. 하나님의 말씀을 깨닫고 제대로 전하기 위해 죽은 양의 창자를 들여다본 것이다. 이처럼 우리도 하나님의 말씀을 기대하며 찾아 나서야 한다.

성경은 책을 많이 읽은 사람일수록 좀 더 쉽게 이해할 수 있다. 그러나 성경을 단지 문학작품으로만 보면 하나님 없이 삶에 영향을 주지 못하는 말로 끝나 버릴 수도 있다. 성령이 우리의 눈을 열어 주셔야 성경 말씀을 깊이 깨달을 수 있다. 은혜의 빛 아래에서 말씀을 보아야 한다. 말씀을 안다고 섣불리 판단하는 실수를 하지 말고, 거창하게 적용하여 대단한 일을 해야 한다는 강박관념도 버려라. 우리 힘으로는 생수를 길을 수 없다고 고백하며 하나님의 은혜를 사모하자.

하나님은 날마다 우리를 말씀으로 인도하신다. 성령의 인도하심을 구하며 "내 눈을 열어서 주의 율법에서 놀라운 것을 보게"(시 119:18) 해 달라고 간구하라. "주의 말씀은 내 발에 등이요 내 길에 빛"(시 119:105)이다. 등불은 등대 불빛이나 서치라이트처럼 번쩍거리며 저 멀리까지 환하게 보여 주지 않는다. 하지만 우리 발 앞만 비추더라도 꺼뜨리지 않으면 평생 우리 앞을 비춰 준다.

성령님을 의지하자. 자기 능력을 의지하여 맺는 열매는 독을 내뿜는다. "나는 심었고 아볼로는 물을 주었으되 오직 하나님께서 자라나게 하셨나니 그런즉 심는 이나 물 주는 이는 아무것도 아니로되 오직 자라게 하시는 이는 하나님뿐이니라"(고전 2:6-7). 아멘.

4장

공동체에서 말씀을 서로 나누라

세계는 더 이상 조작과 소유의 대상이 아니라,
오히려 인격들의 공동체다.
이 진리를 아는 것은 상실되었던 우리 사이의 인격성과
공동체의 끈을 회복하는 것을 의미한다.

- 파커 팔머 -

개인에게 성경 해석권을 돌려주면서 개신교는 온갖 이야기가 난무할 위험을 감수해야 했다. 개인이 성경 해석의 주체가 되면 자의적으로 해석할 가능성이 있게 마련이다. 그러므로 개인이 깨달은 말씀은 반드시 공동체에서 나누고 검증받아야 한다. 누군가가 성경을 자기 마음대로 해석할 때 열광하며 따르는 무리가 없었다면 이단 교주는 생기지 않았을 것이다. 신천지를 비롯한 이단들이 성경 공부를 몰래 하는 까닭은 자신들의 정체가 공동체에서 밝혀지기 때문이다. 어떤 사람이나 특정 신조, 정치 이데올로기를 절대적인 자리에 올려놓는 것은 매우 위험한 일이다. 아무리 뛰어난 신학자나 목회자라도 오해하고 실수할 수 있다. 우리는 서로 격려하고 도와야 하는 연약한 피조물일 뿐이며, 성경의 권위 아래 건강한 공동체로 모여야 하는 존재다.

믿음의 공동체는 우리 생각으로 하나님을 제한하지 않도록 우리 자아를 부수는 역할을 한다. 그리고 진리에 대한 우리의 이해는 연약하고 불완전하므로 우리 삶에 대한 하나님의 온전한 말씀에 귀 기울여야 함을 가르친다.[1] 하나님은 각 성도에게 각기 다른 은사를 주셔서 서로 듣고 배우며 함께 살게 하신다. 모든 성도가 하나님의 말씀을 다양한 모습으로 나누며 함께 교회를 이룬다.

빅토르 위고는 말했다. "영국에는 두 책이 있다. 하나는 영국이 만든 것이요, 다른 하나는 영국을 만든 것이다. 바로 셰익스피어의 저서와 성경이다." 하지만 영국은 성경을 잃어버렸다. 성경 말씀을 듣고 질문하는 사람, 무신론자와 '다툼'이 아니라 이야기를 나누는 사람이 거의 사라졌다. 많은 영국 교회가 팔려서 박물관과 술집으로 바뀌었다. 우리가 영국의 뒤를 따르지 않으려면, 성경을 사랑하고 공동체에서 함께 말씀을 나눠야 하지 않을까?

아메리카 삼나무는 뿌리가 매우 얕다. 그러나 나무끼리 뿌리가 서로 엉켜 있어서 매서운 폭풍을 견뎌 낸다. 이처럼 성경 말씀에 대한 각자의 깨달음은 얕을 수 있다. 하지만 각 성도가 깨달은 말씀을 서로 나누고 하나님의 사랑으로 연합하면 어떤 어려움이 와도 넘어지지 않고 하나님을 바라볼 수 있다. 우리 곁에 있는 형제가 신음할 때는 동일한 아픔을 먼저 겪은 형제의 나눔이 아주 큰 위로가 된다. 어떤 기막힌 해석과 탁월한 지식이 아니라, 성경 말씀을 깨닫고 서로 마음을 나눌 때 하나님의 은혜가 임하는 것이다.

1. 한 몸 안에서 서로 듣고 배우라

예수님이 기도를 마치시자 한 제자가 기도를 가르쳐 달라고 했다. 예수님은 기도 중의 기도인 주기도문을 가르쳐 주신다. 주기도문은 '우리의 기도'라 할 수 있다. "아버지여 이름이 거룩히 여김을 받으시오며 나라가 임하시오며 '우리'에게 날마다 일용할 양식을 주시옵고 '우리'가 '우리'에게 죄 지은 모든 사람을 용서하오니 '우리' 죄도 사하여 주시옵고 '우리'를 시험에 들게 하지 마시옵소서"(눅 11:2-4). 예수님은 "내게 날마다 일용할 양식을 주시옵고, 내 죄도 사하여 주시옵고, 나를 시험에 들게 하지 마시옵소서"라고 하지 않으신다. 하나님을 아버지로 모시는 우리를 위해 기도하신다.

예수님은 두세 사람이 그분의 이름으로 모인 자리에 함께하신다. 내 이름이 아니라 예수님의 이름으로 모인 공동체에 함께하신다. 구원받은 그리스도인은 예수님의 이름으로 모인 공동체에서 그리스도의 장성한 분량에 이르도록 자란다. 수천 명이 모이더라도 예수님이 아니라 자기 이야기만 하면 하나님의 공동체가 아니다. 예수님의 이름으로 모인 공동체는 죄를 고백하며 하나님이 행하신 일을 서로 나눈다. 성도가 서로 깨달은 말씀을 나눌 때 생각의 변화가 일어나고 삶이 풍성해진다.

열두 제자는 예수님의 말씀을 잘 알아듣지 못했고 서로 높아지려고 다투기도 했다. 예수님이 기도를 요청하셨을 때 기도하지 않고 잠들었으며, 부활하신 예수님을 두 눈으로 보고도 물고기를 잡으러 갔다. 광야에서 하나님이 행하신 기적을 경험하고도 끊임없이 불평했던 이스라엘과 다를 바 없다. 예수님은 그분을 배신할 제자들의 발을 친히 씻겨 주셨고, 세 번이나 예수님을 부인한 베드로를 찾아 갈릴리로 가셨다. 예수님은 놀라운 사랑으로 제자들을 회복시키시고, 성도를 교회 되게 하신다.

성찬식은 우리가 공동체임을 보여 주는 확실한 증거다. 대부분의 교회는 성찬식을 하기 전에 고린도전서 11장 27-28절을 읽는다. "그러므로 누구든지 주의 떡이나 잔을 합당하지 않게 먹고 마시는 자는 주의 몸과 피에 대하여 죄를 짓는 것이니라 사람이 자기를 살피고 그 후에야 이 떡을 먹고 이 잔을 마실지니." 우리는 이 말씀을 '성찬을 받기 전에 회개하지 않은 것이 있는지 살피라'는 뜻으로 받아들인다. 그러나 이 말씀은 '자기 혼자 묵상하고 내면을 성찰하라'는 의미가 아니다.

바울은 고린도 교회에 생긴 분쟁을 지적하며 주의 만찬에 대해 언급한다. 고린도 교인이 모여서 식사할 때 각자가 가져온 음식을 먼저 먹었기 때문에 어떤 사람은 배고프고 어떤 사람은 술에 취했다. 바울은 자신이 가져온 음식을 다 먹어 버려서, 음식을 가져오지 못한 가난한 교인을 부끄럽게 하지 말라고 한다. 성도가 분쟁 가운데 있으면 한자리에 모여 음식을 먹어도 주의 만찬을 나누는 것이 아니다. '자기를 살피라'는 말씀은 '함께 모여서 먹는 자리에서 서로 배려하며 기다리라'는 뜻이다. 하나님의 교회를 업신여기는 분쟁을 회개하라는 말이다.

주의 몸인 교회가 파당으로 갈라지고 서로를 향한 배려가 없는 상태에서 성찬식을 진행하면 안 된다. 예수님이 십자가에서 자신을 내어 주심으로 하나 되게 하신 복음을 깨뜨리는 죄악이기 때문이다. '자기를 살피라'는 말씀은 교회의 '한 몸 정신'을 강조하는 것이지 내가 평소에 잘못한 것이 있는지 살피고 별로 없으면 먹으라는 소리가 아니다. 서로를 향한 한 몸 정신을 잃은 상태인지 아닌지를 살피고 성찬식에 참여하라는 뜻이다. 몸은 개인이 아니라 '교회 공동체'를 말한다. 나만 보지 말고 공동체를 살펴야 한다.[2]

자신과 동일한 생각을 가진 사람하고만 교류하면 진리를 분별하지 못하고 편협해질 수 있다. 자기 무덤을 스스로 파는 것과 같다. 편협한 생각에 매인 무리는 의를 짓밟고 역사를 암흑기로 만들어 왔다. 우리가 따라야 할 분은 오직 예수 그리스도 한 분이시며, 우리는 예수 그리스도의 이름으로 모인 공동체에서 서로 듣기도 하고 묻기도 해야 한다. 나와 생각이 다르다고 비판하지 말고 서로 묻고 들으면서 하나님의 뜻에 순종하며 살아야 한다.

그러려면 먼저 잘 들어야 한다. 자기 생각을 내세우며 결과 위주로 판단하려고 하면 안 된다. 다른 사람의 말에 귀 기울여야 한다고 아무리 가르쳐도 사람의 본성은 쉽게 변하지 않는다. 발표를 잘하는 사람보다 경청하는 사람이 공부를 잘한다고 해도 잘 듣지 못한다. 무언가를 '믿자, 하자, 이루자, 나가자' 하기 전에 무엇을 어떻게 믿어야 하고, 누구를 위해 이루려고 하는지, 하나님이 무엇을 기뻐하실지를 계속 질문하고 들어야 한다. 그럴 때 공동체가 건강해진다.

평소에 함께 삶을 나누던 사람이 내 잘못에 대해 이야기하면 권면이다. 그 사람의 말을 받아들이기 힘들면 그 이유에 대해 이야기하면 된다. 평소에도 삶을 나누니까 그런 말을 하는 것이 자연스럽다. 반면, 평소에 삶을 나누지 않던 사람이 내 잘못에 대해 이야기하면 간섭이다. 그러면 반발하게 된다. '자기가 뭔데?' 하는 마음이 솟구친다. 아무리 좋은 설교라도 '나 들으라고 일부러 하는 소리구먼!'이라고 생각하면 아무런 변화도 일어나지 않는다. 나누는 삶이 깔려 있지 않으면, 아무리 좋은 가르침이라도 안개처럼 흩어지고 만다.

하나님의 말씀과 다른 사람의 말을 귀담아 듣지 않은 사람을 꼽으라면 아마 사울이 으뜸일 것이다. 그는 아말렉을 쳐서 모든 소유를 진멸하라는 하나님의 말씀에 불순종했다. 아말렉에게 빼앗은 전리품 가운데서 좋은 소와 양을 챙겼다. 그리고 다윗에 대해 좋게 말하는 요나단에게 화를 냈다. 백성이 다윗을 칭찬하는 말을 시기심으로 들었고, 무당에게 듣지 말아야 할 예언을 들었다. 한 몸 안에서 서로 듣고 배우지 않으면 결국 파멸의 길로 들어서게 된다.

직접 만나지 않은 사람에게서 듣는 방법 가운데 하나가 독서다. 자신이 좋아하는 종류의 책만 읽지 말고 양서를 골고루 읽는 것이 중요하다. 자기계발서나 베스트셀러만 읽으면 편협해진다. 기독교 서적뿐만 아니라 인문 서적, 고전도 읽어야 한쪽으로 치우치지 않는다. 고전을 읽기 힘들다면, 동화나 청소년 소설을 읽는 것도 괜찮다. 동화는 유치한 이야기가 아니며, 청소년 소설은 사춘기의 방황만 다루지 않는다. 함께 고민하고 나눌 수 있는 이야기가 많다. 독서를 하면 서로 나눌 이야기가 풍성해진다. 교회 봉사를 열심히 하면 자녀가 공부를 잘하고 말썽을 안 부릴 거라고 착각하지 말고 성도들과 함께 고민을 나누라. 독서 모임을 만들어 토론하는 것도 좋다. 책과 여행을 스승이라고 말하는 까닭은 편협한 생각을 깨뜨리고 새로운 통찰을 주기 때문이다.

『걸리버 여행기』(*Gulliver's Travels*)에 보면, 달걀을 어느 방향으로 깨느냐로 소인국이 전쟁을 벌이는 내용이 나온다. 이처럼 중요하지 않은 일에 마음을 빼앗겨 이웃을 적으로 만들어 버리고, 자신만 옳다고 내세우며 상대방이 틀렸다고 다툴 수 있다. 예수님은 우리에게 물으신다. "충성되고 지혜 있는 종이 되어 주인에게 그 집 사람들을 맡아 때를 따라 양식을 나눠 줄 자가 누구냐"(마 24:45). 충성되고 지혜 있는 종은 주인의 말을 헤아리며 순종한다. 우리는 신실한 청지기가 되어 하나님이 명하신 일을 행해야 한다. 우리의 작은 신음에도 응답하시는 하나님을 기억하며, 자기보다 남을 낫게 여기고 그들의 말에 귀를 기울여라.

성부 하나님, 성자 하나님, 성령 하나님은 완전하신 한 분이시다. 하나님은 예수님의 말씀에 귀 기울이시고, 예수님은 하나님의 말씀에 귀 기울이신다. 하나님은 "우리의 형상을 따라 우리의 모양대로 우리가 사람을 만들자"고 하셨다(창 1:26). 예수님이 십자가를 지는 일을 괴로워하셨던 것은 영원히 하나인 분과 떨어져 '하나님과 상관없는 자'로 죽어야 했기 때문이다. 하나님과의 관계가 끊어지는 아픔은 그 무엇과도 비교할 수 없다. 나 자신을 먼저 생각하는 태도에서 떠나 하나님과 친밀하게 교제하며, 우리와 한 몸된 형제 자매를 기억하며 살아가자.

2. 가정을 말씀 공동체로 만들라

로마는 막시누스의 박해를 끝으로 기독교를 받아들인다. 그리스도인이 덕망 있고, 로마 제국을 방해하지 않는 사람으로 알려졌기 때문이다. 디오게네투스 서신은 그리스도인을 이렇게 묘사한다. "육체를 갖고 있지만 육체를 위하여 살지 않는다. 땅 위에서 살고 있지만 시민권은 하늘에 있다. 법률에 순종하면서도 자신의 삶 속에서 법률들을 넘어서려고 한다.…가난하나 많은 사람을 부유하게 만든다. 모든 것이 결핍되어 있지만 모든 것에서 풍부하다. 겸손하나 겸손은 그들의 영광이 된다. 학대를 받으면서도 남을 축복한다. 욕을 먹으나 의롭게 된다. 모욕을 당하면서도 모욕을 존경으로 갚는다."[3] 그들은 하나님의 말씀에 순종하며 살았기에 로마법을 뛰어넘었다.

로마를 뒤흔든 기독교의 기초는 카타콤 공동체에서 나왔다. 땅 속 깜깜한 동굴에서 하나된 가정 공동체는 우뚝 서 있던 콜로세움과 원형경기장을 무너뜨리고 성경의 권위를 세웠다. 신앙, 성품, 교육의 기본은 가정에서 이루어진다. 하나님의 말씀이 삶의 전 영역에 영향을 끼치는 가정 공동체를 상상해 보라. 예전에는 이 찬송을 많이 불렀다. "나의 사랑하는 책 비록 헤어졌으나 어머님의 무릎 위에 앉아서 재미있게 듣던 말 그때 일을 지금도 내가 잊지 않고 기억합니다. 귀하고 귀하다 우리 어머님이 들려주시던 재미있게 듣던 말 이 책 중에 있으니 이 성경 심히 사랑합니다." 하지만 요즘은 거의 부르지 않는다. 부모는 직장생활로 분주하고, 아이는 여러 학원을 다니느라 바빠서 온 가족이 얼굴을 마주하고 이야기하는 것조차 힘들다. 그러니 온 가족이 함께 성경을 읽는 가정이 얼마나 되겠는가? 세상의 성공에 목표를 두면 점점 하나님과 성경에서 멀어진다.

유대인 부모는 임신한 사실을 알게 되면, 아이에게 줄 토라(성경)를 사서 읽는다고 한다. 아이가 앉아 있을 정도가 되면 곡물 풀로 제본한 책 냄새를 맡게 한다. 책 냄새마저 얼마나 좋은지를 알려 주는 것이다. 아이가 혀로 핥고 이로 깨물 수 있는 정도가 되면 붓에 꿀을 발라서 토라 말씀을 써놓고 핥게 하며 "참 달지? 하나님의 말씀은 이 꿀처럼 달단다"라고 가르친다. 유대인은 삶으로 가르친다. 삶으로 가르치면 그 가르침대로 살아가게 된다.

우리 대부분은 하나님의 말씀을 삶으로 가르치지 않는다. 주중에는 하나님과 상관없는 세상적인 가르침을 따라 살다가 주일에만 아주 잠깐 성경을 가르친다. 자녀에게 대학에 합격하고 나서 교회에 가도 된다며 주일에도 학원에 보내고, 대학 입시를 위해 백일기도를 하는 부모도 많다. 자녀의 세계관이 확립될 시기에 성경 말씀을 주문이나 부적처럼 여기게 만든다. 비그리스도인과 똑같이 살다가 특정한 날에만 소원을 빌듯 교회를 찾고 성경 말씀을 찾는다면 부적이나 다름없다. 그렇게 되면 성경은 삶을 이끄는 진리, 영원히 붙들어야 할 하나님의 언약이 아니라 기독교라는 종교의 경전으로 전락하고 만다.

모세와 이스라엘 백성은 구원과 관련된 것들을 3개월간 경험했다. 그러나 구원이 성취되고 계시가 정의된 3개월은 시작에 불과했다. 기초가 세워졌지만 400년 동안 이집트에서 노예로 산 이들이 감당하기에는 벅찬 내용이라 시간이 필요했다. 하나님이 중심되는 구원의 삶을 자신들의 삶으로 받아들이기 위해서는, 거기에 동화되기 위해서는, 우선 40년이라는 시간이 필요했다.[4]

이스라엘을 왕국시대로 이끈 하나님의 선지자 사무엘은 사울과 다윗을 왕으로 세우고 나라의 기틀을 잡은 사람이다. 사무엘은 어릴 때부터 엘리 제사장 곁에서 주님을 섬겼다. 그때는 하나님이 말씀을 들려주시는 일이 드물었고 환상도 자주 나타나지 않았다. 그런데 하나님이 어린 사무엘에게 나타나 말씀하셨다. 사무엘이 자라는 동안 하나님이 함께하셨고 사무엘이 들었던 하나님이 말씀이 그대로 다 이루어졌다. 사무엘은 오랫동안 이스라엘을 괴롭히던 블레셋을 미스바에서 무기 하나 없이 싸워 이기기도 했다. 성도들 가운데 사무엘 같은 자녀를 달라고 기도하는 사람이 많다. 하지만 사무엘의 노년을 생각해 보라. "사무엘이 늙으매 그의 아들들을 이스라엘 사사로 삼으니…그의 아들들이 자기 아버지의 행위를 따르지 아니하고 이익을 따라 뇌물을 받고 판결을 굽게 하니라”(삼상 8:1-3). 사무엘은 자녀를 제대로 가르치지 못했고, 자격이 없는 자녀에게 제사장 자리를 세습하게 하여 비참해졌다. 사무엘 같은 자녀를 달라는 기도가 방탕한 손자를 보겠다는 뜻은 아닐 것이다.

사무엘은 엘리 제사장 곁에서 자랐다. 엘리의 아들들은 하나님께 드리는 예물을 함부로 대하며 자기 욕심대로 가져갔고, 회막문에서 섬기는 여인과도 동침했다. 그런데도 엘리는 제사장 자리를 세습하게 했다. 사무엘도 자녀들의 잘못을 알았지만 그대로 내버려 두었다. 사무엘이 엘리를 보고 배운 게 아닌가 싶다. 자녀들이 단호하게 죄를 끊도록 가르치지 않고 엘리를 답습한다. 폭력을 휘두르는 아버지에게 상처받은 자녀가 '내 아이에게 폭력을 휘두르지 않겠다'고 다짐하지만 결코 쉽지 않은 것처럼 말이다. 다윗도 자녀를 잘 키우지 못했다. 밧세바를 빼앗고 신실한 우리아를 죽인 다윗은 아들에게 쫓겨 다니고, 아들들이 서로를 죽이고, 아들이 그의 첩들과 동침했다는 소식을 들어야 했다. 사무엘 같은 자녀를 원한다면, 선한 영향력을 끼치는 선생님, 친구, 이웃을 만나게 해달라고 기도해야 한다. 하지만 무엇보다 부모가 가정에서 믿음의 본을 보이는 것이 중요하다.

나는 우리 아이들을 학원에 보내지 않는다. 과외를 하거나 문제집을 풀라고 강제로 시키지도 않는다. 그 대신 아이들과 함께 책을 읽는다. 시험을 본다고 해도 보드게임을 하며 논다. 저녁 무렵 눈 덮인 앞산에 오르며 "이곳이 마치 『사자와 마녀와 옷장』(*The Lion, the Witch and the Wardrobe 2*)에 나오는 등불 황야 같지 않아?" 하며 책 이야기를 나눈다. 함께 운동하고 여행도 다닌다. 두 아이가 어릴 때는 잠자리에서 성경 이야기를 들려주었다.

과묵한 첫째 아이와 수다쟁이 둘째 아이를 성경 이야기에 등장시켰다. "이제 여리고 성을 도는 거야. 말 한마디도 하지 않고 묵묵히 돌기만 해야 해. 첫째는 말 한마디 안 해도 너무 편해. 그런데 둘째는 입이 근질거려 죽을 지경이야. 입을 우물거리고 한숨을 푹푹 쉬며 따라 걸었어. 진영에 돌아온 뒤에 첫째는 "돌만 하네"라고 하는데, 둘째는 "죽겠다. 죽겠어" 하는 거야. 엿새를 그렇게 도니, 둘째는 아주 죽을 지경이야. 일곱째 날에 아버지가 둘째에게 말해. "오늘이 마지막 날이다. 입 꾹 다물고 돌면 하나님이 하시는 일을 보게 될 거야!" 둘째는 하루 종일 걸으며 입을 다물고 있어야 하니 미칠 지경이야. 제 발로 요단 강을 건너왔으니 하나님의 명령에 순종하지만 입이 근질거려 순교하는 줄 알았어. 드디어 양각 나팔소리가 들리자 첫째는 "야~" 했고, 둘째는 "야, 내가 정말 미치는 줄 알았어. 떠들지도 못하고 이게 뭐야! 정말 순교하는 줄 알았다니까. 무너져라. 무너져! 아이고, 정말!" 하며 소리소리 질렀어. 어떻게 되었을까?"

이야기 속에서 두 아이는 이집트 공주의 시녀가 되기도 했고, 예수님을 따라다니는 여인이 되기도 했다. 그리고 아이들이 설교를 듣거나 성경을 읽다가 궁금한 점을 물으면, 곧바로 대답해 주지 않고 스스로 깨닫도록 유도질문을 했다. 믿음의 사람이 해야 할 행동을 정답으로 알려 주지 않고, 아이들이 직접 성경 말씀을 읽고 묵상하며 깨닫고 적용하기를 바랐다.

우리 아이들이 자라서 중고등학생이 되면 세상에 분노하고 낙담하며 좌절할 일이 생길 것이다. 실패를 겪고 혼자 힘으로 해결해야 하는 문제를 만나면 '과연 하나님이 계실까?', '하나님이 나를 사랑하실까?' 하며 의심할 수도 있다. 그때 머리말에서 아빠가 들려주던 성경 이야기, 함께 고민하며 깨달은 성경 말씀이 아이들을 하나님께로 돌아오게 할 거라고 믿는다.

모세의 어머니 요게벳은 이집트 왕궁에 들어가 유모로 지내면서 모세를 키웠다. 가슴에 성경 말씀을 적어 놓고서 모세에게 젖을 먹이는 동안 성경 이야기를 들려주고 보게 했다고 전해진다. 이집트 왕궁에서 왕자 교육을 받더라도 태양신이 아니라 하나님을 섬기도록 가르쳤다. 하나님의 백성이라는 정체성을 확고히 했다. 그래서 왕자 모세는 이스라엘 노예를 형제로 여기게 되었고, 결국 하나님의 말씀에 순종하여 이스라엘 백성을 데리고 이집트를 탈출한다. 이처럼 가정에서 하는 부모의 신앙교육이 중요하다. 함께 밥을 먹고, 수다를 떨며, 놀면서 하나님의 말씀을 나누라. 자녀에게 무조건 믿으라고 강요하지 말고 기도하며 성경 이야기를 들려주라. 가정이 하나님의 말씀이 살아 역사하는 공동체가 되도록 힘쓰라.

3. 말씀을 서로 나누는 공동체로 만들라

초대교회는 사도의 가르침을 받아 서로 교제하고 떡을 떼며 기도에 힘썼다. 그리고 모든 물건을 서로 통용하고 재산과 소유를 팔아 각 사람의 필요에 따라 나누고 성전에 모여 말씀을 나누며 하나님을 찬양했다. 바울은 "오직 사랑으로 서로 종노릇하라"(갈 5:13), "너희가 짐을 서로 지라"(갈 6:2)고 권면한다. 야고보는 "너희 죄를 서로 고백하며 병이 낫기를 위하여 서로 기도하라"(약 5:16)고 말한다. 베드로는 "뜨겁게 서로 사랑하라"(벧전 1:22, 4:8), "서로 대접하기를 원망 없이 하라"(벧전 4:9), "서로 봉사하라"(벧전 4:10), "서로 문안하라"(벧전 5:14)고 권면한다. 요한은 "서로 사랑하라"(요일 3:11, 3:23, 4:7, 4:11, 4:12, 요이 1:5)고 거듭하여 말한다. 서신서 저자들은 '서로' 나누라고 끊임없이 강조했다.

한국교회 성도는 모이는 일에 열심을 낸다. 목장, 셀, 교회 프로그램, 남녀 공동체, 취미와 특기에 따라 모인다. 그러나 성경 말씀은 서로 나누지 않는다. 돈 버는 방법, 자녀교육에 대한 정보, 심지어 교인들의 허물은 나누지만 성경 말씀은 나누지 않는다. 설령 성경 말씀을 나눈다고 해도 한두 사람에게 의지하는 경우가 많다. 그러나 사람을 의지하면 실망하거나 넘어지게 된다. 사람이 아니라 우리 주님을 의지해야 한다. 우리 주님이 계신 공동체를 의지하는 것은 우리를 하나로 모으신 예수 그리스도를 의지하는 것이다.

예전에 나는 성경 지식으로 무장하고서 내게 있는 것을 나눠 주려는 마음으로 모임에 참석했다. 그러나 의인의 자리에 앉아 나를 자랑하는 순간, 사무엘 대신 제사를 드리고도 자신의 잘못을 모르는 사울이 되는 것이다. 형제를 나보다 못한 존재로 여기고 가르치려 들면 '독사의 자식'으로 전락하고 만다. 성경 공부 모임에서 성경을 잘 모르는 형제의 질문과 고백에 내 자아가 깨어지고 은혜를 받게 되었다. 지식으로 무장한 내 자아가 연약한 지체의 고백과 통찰 앞에서 무너졌다.

때로는 함께 말씀을 나누던 지체가 내 생각이 한쪽으로 치우쳤다고 이야기하면 가슴이 뜨끔하면서도 감사했다. 나 자신을 겸손히 돌아보고 믿음의 공동체를 주신 하나님께 감사했다. 믿음의 공동체가 없었다면 지금의 나는 없었을 것이다. 말씀을 가르쳐 준 공동체, 말씀을 나누며 함께 고민한 공동체, 내게 배우면서 동시에 나를 훈계한 공동체 덕분에 내가 있는 것이다. 하나님의 말씀을 나누는 공동체가 우리를 성장시키고 새롭게 한다.

말씀을 나누는 공동체에서는 가르치려 들면 안 된다. 가르치는 사람이 많으면 공동체가 깨어지게 마련이다. 자신을 내세우며 목소리를 높이는 사람이 많으면 건강하게 나눌 수 없다. 뛰어난 한 사람을 의지하면 조직이 빨리 세워진다. 그러나 하나님의 공동체는 조직과 다르다. '이분은 진정한 하나님의 사람이야. 그래서 난 이분 설교만 들어' 하며 한 사람만 바라보면 위험하다. 설교가 말씀 나눔을 대신하지는 못한다. 몇몇 교회에서는 목회자와 성도가 함께 성경 말씀을 나눈 뒤 설교로 선포하고, 토론한다고 한다. 믿음의 공동체에서 말씀을 서로 나눠야 건강해진다. 보아스가 아무리 훌륭한 사람이라도 밭에서 일하는 일꾼들에게 말씀이 나눠지지 않았다면 이삭을 줍던 룻이 은혜를 입기 어려웠을 것이다.

누군가를 스승으로 삼을 수 있지만 의인으로 세우면 편협해진다. 스스로 의인이 된 사람은 예수님을 문 밖에 세워 놓는다. 거기에는 은혜가 없다. 자기 의에 빠진 공동체는 다른 사람을 죄인으로 몰아붙이고, 자기 생각만 강요하는 사람은 공동체를 무너뜨린다. 아버지가 돌아온 탕자를 받아 주자 자기 생각만 한 큰아들은 분열을 일으켰다. '죄냐 아니냐'만 따지면 '화난 그리스도인'으로 전락하고 만다.

하나님 나라는 공동체 안에서 이루어진다. 하나님은 공동체에서 서로 사랑하라고 말씀하신다. 예수 그리스도의 이름으로 모인 공동체라도 완전하지 않다. 지체들이 서로 상처를 주고받는다. 완전하신 하나님을 주인으로 섬기는 불완전한 우리 모임을 하나님이 기뻐하시는 까닭은 예수님이 공동체의 머리가 되시기 때문이다. 그러므로 우리 공동체의 머리 되신 예수님이 우리를 어떻게 바라보시는지 기억하고, 우리도 예수님의 시선으로 지체들을 바라보자. 오래 참고 기다려 주며 그리스도의 장성한 분량에 이르도록 서로 돕자.

다윗은 아말렉과의 전투에서 지쳐서 적을 쫓아가지 못한 2백 명을 브솔 시내에 머물게 했다. 전투에서 승리한 뒤 다윗과 함께했던 사람들 가운데 악한 자와 불량배들이 브솔 시내에 머물렀던 사람들에게는 전리품을 나누지 말자고 했다. 그러나 다윗은 악한 자와 불량배들을 형제라고 부르며 하나님이 우리를 보호하시고 승리하게 하셨으니 모두 똑같이 나눠야 한다고 말했다. 다윗은 이때 정한 것을 이스라엘의 율례와 규례로 삼았다(삼상 30:25). 다윗은 전투에 참여하지 않은 자뿐만 아니라 악한 자와 불량배들도 공동체로 받아들였다. 공동체를 무너뜨리려는 사람을 내치지 않았다. 자신을 죽이려고 쫓아다녔던 사울의 군대 장관 아브넬도 받아들였다. 예수님은 유다를 제자 공동체에서 끝까지 품으셨다. 공동체가 모든 사람을 살릴 수는 없지만, 하나님의 날개 아래 찾아든 이들을 사랑으로 품고 하나님의 말씀으로 이끌어야 한다.

하나님이 말씀을 깨닫게 하신 이후로 나는 줄곧 성경 공부 모임에 참여하고 있다. 공동체에서 성경 말씀을 나눌수록 이해가 깊어지고 모임을 인도하는 요령도 생긴다. 그러나 가장 기억에 남는 성경 공부 모임은 처음 리더로 섬긴 대학교 3학년 때다. 성경을 잘 몰랐고 교만했으며 경험도 부족했던 내게 하나님은 모든 사람이 당연하게 생각하는 걸 계속 묻는 후배를 보내셨다. 그 후배는 생각하지도 못한 질문들을 끊임없이 했고, 우리는 갈라디아서를 붙들고 고민하며 참 많이 울었다. 부족한 자들이 모여 하나님의 큰 은혜를 누린 시절이었다. 그때 하나님은 말씀을 서로 나누는 공동체가 얼마나 귀한지 맛보게 하셨다. 이런 공동체에 속해 있으면 말씀에서 떠날 수가 없다.

그리스도인은 혼자 자라지 못한다. 포도나무에 붙어 함께 자라 간다. 잎이 양분을 만들고, 뿌리가 물을 끌어올려야 열매가 익는다. 성경 말씀을 나누는 곳 어디에서나 예수님이 우리 안에 계시고, 우리가 예수님 안에 거한다. 가정에서 자녀와 함께 말씀을 나누고, 직장이나 교회 모임에서도 말씀을 서로 나누라. 지체의 고민을 들어주고 아픔을 함께하며 서로 사랑을 나누라. 로마 제국 곳곳에서 초대 그리스도인들이 이런 일들을 했다. 주일날 교회 건물 안에서뿐만 아니라 주중에도 삶의 현장에서 하나님의 말씀을 서로 나누는 우리가 되자.

4. 성경의 권위를 회복하라

우리나라는 권위를 외부에서 세우려는 경향이 있다. '감히 여기가 어디라고!' 하며 울타리를 친다. 성경에 줄을 긋지 못하게 하거나 설교단에 올라오지 못하게 하는 식이다. 하지만 진정한 권위는 밖이 아니라 안에서부터 흘러나온다. 블레셋이 하나님의 언약궤를 빼앗아 다곤 신전에 가져다 놓았다. 하나님의 궤가 블레셋의 우상 신전에 전리품으로 놓였으니 그 권위가 말이 아니다. 그러나 하나님은 스스로 권위를 드러내신다. 다곤이 여호와의 궤 앞에서 엎어져 박살이 난다. 성경의 권위는 '감히 어디서?' 하는 태도에서 나오지 않는다. 우상 신전과 같은 세상에서 살아가는 그리스도인의 삶에서 흘러나온다.

이스라엘은 광야에서 체험 교육을 받았다. 아침마다 하늘에서 만나가 내렸고 저녁에는 메추라기가 날아와서 진을 덮었다. 하나님은 바위에서 물이 솟아나게 하시고 구름 기둥과 불 기둥으로 이스라엘 백성을 인도하셨다. 백성은 하나님의 말씀을 노래로 만들어 부르고 외웠지만 죄를 피할 수는 없었다. 하물며 가정에서 성경을 읽거나 암송하거나 가르치지 않는 우리는 어떻겠는가? 하나님의 기적을 맛본 적이 없고, 구름 기둥과 불 기둥조차 보지 못한 우리가 어떻게 죄와 싸워 이길 수 있단 말인가? 하나님의 말씀이 강력한 무기인데, 말씀을 모르니 무장 해제 상태인 것이다.

요즘은 교회에서조차 성경을 휙휙 던지고 아무렇게나 바닥에 떨어뜨리는 성도들이 있다. 우상 종교도 자신들의 경전을 함부로 다루지 않는다. 이슬람은 누군가가 코란을 모독하면 성경을 불태우고 시위를 벌인다. 우리나라에서 성경을 불태우는 행사가 열리면 어떻게 될까? 아마 기독교계에서 강력하게 반발할 것이다. 성명을 내고 집회를 열지도 모른다. '감히 하나님의 말씀을 모독하다니!'라고 하면서 말이다. 하지만 잘 생각해 보라. 성경을 가장 모독하는 사람이 누구인지, 성경의 권위를 떨어뜨리고 가치를 약화시키는 사람이 누구인지 말이다. 성경을 인정하지 않고 교회를 공격하는 사람들일까? 아니면, 하나님을 믿는다고 하면서도 성경에 관심이 없고 하나님의 말씀대로 살지 않는 성도일까?

하나님의 말씀대로 살지 않는 우리 때문에 하나님의 이름이 이방인 중에서 모독을 받는 것이다. 자기 생각에 옳은 대로 살면서 '이것이 하나님을 섬기는 일'이라고 외치는 우리가 하나님을 모독하고 있다. 성경을 모르면서 읽지 않고, 자녀에게 가르치지도 않는다. 수많은 그리스도인이 성경을 마음에서 찢어 내고 불태워 버린다. 무관심과 자기중심성으로 일관하며 마음에서 성경을 치운다. 성경에 없는 하나님, 하나님을 빼 버린 예수님, 영적 기운처럼 생각하는 성령님을 무조건 믿기만 하면 된다고 착각한다.

하나님의 영감으로 기록된 성경은 인간이 추론하고 경험한 결과가 아니다. 한때 유행하다가 점차 잊히는 책이 아니다. 고전 중의 고전을 뛰어넘는다. 성경은 처음부터 끝까지 하나님이 우리를 얼마나 사랑하시는지를 증거한다. 이스라엘과 맺은 언약을 신실하게 이루어 가시는 하나님, 예수 그리스도를 통한 구원을 보여 준다.

하나님의 자녀는 홀로 말씀 앞에 거하는 시간이 필요하다. 자기 마음에 드는 설교를 듣는 것만으로는 부족하다. 하나님은 예레미야에게 예루살렘 넓은 거리에서 공의를 행하며 진리를 구하는 사람을 하나라도 찾으면 예루살렘 성을 용서하겠다고 말씀하신다. 그런데 하나님의 뜻대로 사는 사람이 넘쳐야 할 예루살렘 거리에 진리를 구하는 사람이 한 명도 없었다. 에스겔은 "이 땅을 위하여 성을 쌓으며 성 무너진 데를 막아서서 나로 하여금 멸하지 못하게 할 사람을 내가 그 가운데에서 찾다가 찾지 못하였다"(겔 22:30)는 말씀을 들었다. 회중이 듣기 원하는 메시지만 전하는 설교자, 듣고 싶은 설교만 쫓아다닌 회중은 하나님의 말씀대로 살기 어렵다. 홀로 하나님의 말씀 앞에 서서 부딪히지 않았기에 순종할 힘이 없다.

성도가 하나님께 받은 말씀은 공동체에서 확증되어야 한다. 내가 정한 이웃, 나만의 하나님이 아니라 다양한 사람이 모인 교회, 더불어 살아가는 이웃 안에서 확증되어야 한다. 성전 꼭대기에 올라가 있는 사람은 시장통으로 내려와야 한다. 예수님은 하늘 보좌에서 내려와 십자가에서 죽으심으로 구원을 이루셨다. 교회는 로마의 통치 아래 육신으로 오신 예수님의 말씀을 듣는 무리 가운데 세워졌다. 형제의 말에 귀를 막고 자기만 내세우는 진리는 참된 진리가 아니다. 빌라도가 원했던 진리에 불과하다. 그리스도의 몸에 속한 우리는 먼저 하나님 나라와 의를 구하며 이웃의 필요를 돌봐야 한다.

20-30년 전에는 교회에서 성경 읽기표, 구역(목장, 셀)별 출석 현황표 등을 눈에 띄는 곳에 붙이고 시상을 했다. 전도상을 받으려고 자기 돈으로 밥을 사 주며 사람들을 데려오기도 했다. 교회가 성장하면서 경쟁과 외식을 유발하는 표가 사라지고 제자훈련 프로그램이 도입되었다. 겉

으로 드러나는 모습이 아니라 일상에서 하나님을 섬기고 드러내야 한다고 주장했다. 주일뿐만 아니라 주중에도 하나님을 섬기며 살아야 한다고 외쳤다. 거기까지는 좋았다. 그런데 성경을 읽지 않는 부작용이 나타났다. 6일 동안 하나님을 잘 섬기는 게 중요하다며 예배에 종종 빠지기도 하고 성경 읽기도 뒤로 밀려나게 되었다.

사람에게 보이기 위한 표는 처음부터 생기면 안 되었다. 중심을 잡지 못하고 한쪽으로 기운 추는 그 거리만큼 반대편으로 기운다. 반대편으로 기운 추는 삶을 이야기하는 모임을 만들고 제자 훈련, 상담 프로그램, 열린 예배, 구도자 예배로 발전했다. 서로의 삶을 나누고 진실하게 하나님을 믿자고 독려하다가, 한쪽으로 치우쳐서 그만 성경을 떠나 버리는 일도 생겼다. 성경을 읽지 않는 사람은 삶을 강조하고, 성경을 읽는 사람은 몇 번 읽었는지를 자랑한다. 그러다 보니 하나님을 사랑하고 이웃을 사랑하는 삶, 주일과 평일이 모두 하나님이 주인인 삶에서 멀어진다.

하나님의 말씀, 즉 성경으로 돌아가야 소망이 있다. 맛을 잃어버린 소금, 평상 아래에 둔 등불은 사라지고 만다. 음부의 권세가 이기지 못하는 하나님의 교회는 반드시 승리하며, 예수 그리스도 안에 있는 우리에게는 소망이 있다. 초대교회 역시 어려움을 겪었고, 서로 싸웠으며, 실패한 것처럼 보였다. 로마의 국교가 된 기독교는 교회를 소망 없게 만들었다. 오늘날 한국교회라는 배가 흔들리고 있는데 성도가 개인 경건생활에만 매달리며 "나는 부자라 부요하여 부족한 것이 없다"(계 3:17), "나는 하나님과의 관계에 만족한다"고 외치는 것으로는 충분하지 않다. 성경의 권위는 공동체를 통해 드러난다. 오늘날 한국교회가 비난받으며 하나님이 주신 성경의 권위를 무너뜨리고 있다면, 모든 그리스도인이 자신을 살피고 하나님의 교회를 위해 부르짖어야 한다. 다시 하나님의 말씀, 즉 성경으로 돌아가야 한다.

밧모 섬에 갇혀 하나님의 자녀가 세상의 압제 아래 죽어 가는 모습을 본 요한은 하나님의 나라가 완성될 마지막 날을 바라본다. 하나님과 어린 양의 보좌로부터 생명수가 흘러나와 생명나무에 달마다 열매가 맺히고 그 나뭇잎으로 열방을 치료하는 환상을 본다. 요한은 새하늘과 새땅에 대한 기대로 계시록을 마무리한다. 하나님이 신자에게 주시는 축복과 위로는 '하나님 나라가 너희 것이다'는 말씀에 모두 담겨 있다. 그날에 부끄러울 것이 없는 일꾼으로 서기 원한다면, 하나님의 말씀을 읽고 공동체에서 서로 나누면서 예수 그리스도의 장성한 분량에까지 자라 가라. 이 땅에 하나님 말씀의 권위가 세워지는 날이 속히 오기를 간절히 바란다.

책벌레 선생과 함께 성경 읽기

서신서 형식의 성경 읽기

성경은 시, 이야기, 편지, 선포, 예언이 한데 어우러진 책이다. 요한, 에스겔, 다니엘은 환상을 보았다. 다윗은 시를 쓰고 바울은 편지를 썼다. 우리가 성경을 읽을 때 편지는 편지로, 시는 시로, 예언은 예언으로 읽어야 한다. 문체에 따라 설화(이야기)체, 강화(논증)체, 시(詩)체로 나뉜다. 이야기를 읽을 때는 자신이 등장인물인 것처럼 묵상하는 것이 좋다. 강화체 본문은 말하는 이와 듣는 이의 상황, 전후 문맥, 접속사, 핵심 낱말이 쓰인 횟수 등을 관찰하고 살펴보아야 한다. 시는 시를 쓴 상황과 시의 형식을 따져 보아야 한다. 이제 고린도전서를 통해 서신서 읽는 법을 살펴보자.

1. 저자와 수신자 상황을 알아보라

서신서는 주전 1세기에 특정 지역을 배경으로 쓰인 편지다. 고린도전서를 제대로 읽으려면, 바울이 고린도에서 교회를 세운 상황(행 17-18장)과 함께 고린도의 특징과 문화를 알아야 한다. 고린도는 아테네에서 서쪽으로 70킬로미터 떨어진 반도에 위치했다. 고린도 양쪽에 있는 레게움과 겐그레아 항구 사이의 육로로 물건을 옮기면, 해협을 도는 뱃길을 300킬로미터나 단축할 수 있었다. 이런 이유로 고린도는 로마 정부의 소재지로 아가야 지방의 수도가 되어 로마의 4대 도시로 번성했다. 고린도에는 26개가 넘는 사원과 신당이 있었고, 아프로디테 신전에서는 천여 명의 여사제들이 종교적 매춘을 행했다. 고린도는 사치와 방종, 음란과 퇴폐의 도시였다.

바울은 고린도로 가기 전에 실라와 디모데와 함께 데살로니가, 베뢰아에서 복음을 전했다. 데살로니가와 베뢰아에서 많은 사람들이 신자가 되었다. 먼저 그곳을 떠난 바울이 아테네로 가서 복음을 전하며 실라와 디모데를 기다렸다. 아테네에서 몇몇 사람이 신자가 되었지만(행 17:34) 대부분은 바울을 조롱했다.

아테네에서 실패한 직후에 바울은 동역자도 없이 죄악으로 가득한 도시 고린도로 갔다. 그곳에서 브리스길라와 아굴라를 만나 그들과 함께 지내면서 천막 만드는 일을 했다. 마침내 실라와 디모데가 고린도에 도착했다(행 18:5). 바울이 안식일마다 회당에서 강론하고 유대인과 헬라인을 권면했지만 배척당했다. 이후 바울은 회당에서 나와 하나님을 경외하는 이방인 디도 유스도를 만나게 되었다(행 18:7). 또한 회당장 그리스보가 온 가족과 함께 예수님을 믿었고, 많은 고린도 사람이 바울의 말을 듣고서 예수님을 믿고 세례를 받았다(행 18:8). 회당장 소스데네도 예수님을 믿었다. 게다가 바울은 어느 날 밤에 "두려워하지 말며 침묵하지 말고 말하라 내가 너와 함께 있으매 어떤 사람도 너를 대적하여 해롭게 할 자가 없을 것이니 이는 이 성중에 내 백성이 많음이라"는 주님의 말씀을 환상 가운데 들었다(행 18:9-10). 이처럼 고린도는 바울에게 특별한 도시였다. 그는 고린도에서 1년 6개월 동안 머물면서 하나님의 말씀을 가르쳤다. 바울이 한곳에 1년 이상 머무르는 일은 드물었다.

사업에 실패하고 친구마저 떠나버린 상황에서 막연한 기대를 갖고 새로운 일을 시작했는데 대박이 난 경우라 할 수 있다. 바울은 '고린도' 하면 '회복', '우정', '귀한 벗들', '환상 가운데 말씀하신 주님'이 떠오를 것이다. 바울에게 고린도는 제2의 갈릴리였다. 누군가가 고린도 이야기를 하면 아마도 귀를 쫑긋 세웠을 것이다. 이런 상황을 염두에 두고 고린도전서를 읽어 보라.

2. 서신서는 한 번에 읽어라

바울이 고린도 교회에 보낸 편지에는 오늘날 성경에 표시되어 있는 장과 절이 없었다. 그러므로 고린도전서는 한 번에 읽는 것이 좋다. 고린도전서는 양피지에 2-3일은 걸려서 썼을 것이다. 편지를 쉽게 쓸 수 있는 시대도 아닌데 바울이 왜 이렇게 길게 썼을까? 고린도 교회를 사랑했기 때문이다. 고린도전서를 읽으면서, 교회에서 문제를 일으키는 어린아이 같은 성도를 구원받은 하나님의 백성으로 여기는 바울의 마음을 느끼게 되면 '그 편지'는 '내게 온 편지'가 된다.

고린도전서를 한 번에 읽으면, 세부내용은 잘 모르더라도 대략 어떤 문제가 있는지 알게 된다. 타락한 도시에서 죄에 물들어 살던 사람들이 교회를 이루었지만 옛 습관을 버리지 못했다. 성적으로 타락했고 성도끼리 서로 고소했다. 은사를 받은 사람은 자신이 신령하다고 우쭐댔고, 부자와 가난한 자가 나뉘었다. 교회 일을 세상 법정에 소송했고, 부활을 오해했다. 심지어 과부가 된 자기 아버지의 둘째 부인과 결혼하는 사람도 있었다.

이런 상황을 본 바울의 마음이 무너졌을 것이다. 고린도 교회의 창립자이자 교인들에게 제자 훈련을 한 교사 바울의 마음이 얼마나 아팠을까! 심지어 고린도 교인들은 바울의 사도권을 문제 삼고 그의 말에 귀를 기울이지 않았다. 아볼로와 베드로를 따르는 무리가 생겼고, 그리스도께 직접 듣겠다며 바울을 무시한 제3의 무리도 생겼다. 바울을 회복시킨 교회, 주님이 환상 가운데 말씀하셨던 교회가 죄악에 물들어 바울을 비난했다. 바울이 "그리스도 예수 안에서 거룩하여지고 성도라 부르심을 받은 자"(고전 1:2)라고 불렀던 고린도 교인을 "누룩 없는 자"(고전 5:7)라고 말하는 심정이 어땠을지 생각해 보라.

바울의 심정을 생각해 본 후에, 다시 고린도전서를 읽으면서 내용을 분석하고 나눠 보라. 바울의 안타까운 마음을 품되, 내용을 냉철하게 분석하는 것이 중요하다. 어떤 주제로 나눌 수도 있고, 특정한 낱말을 기준으로 나눌 수도 있다. 신학자나 목회자는 이와 다른 방식으로 나눌 것이다. 나는 고린도전서를 읽으면서 '형제들아'와 '~에 대하여'가 눈에 들어왔고, '이것이 옳다'가 아니라 '하나님이 보여 주셨다'로 읽었다. 나중에 고린도전서를 다시 공부할 때는 또 다르게 읽을 거라고 생각된다.

- 고전 1:1-9_ 인사.
- 고전 1:10_ '형제들아.' 파벌을 만든 잘못을 지적함.
- 고전 1:26_ '형제들아.' 하나님의 부르심을 설명함.
- 고전 2:1_ '형제들아.' 세상의 지혜와 하나님의 지혜를 설명함.
- 고전 3:1_ '형제들아.' 육에 속한 사람과 영에 속한 사람, 복음 사역과 사역자에 대해 설명함.
- 고전 4:6_ '형제들아.' 바울 자신이 보인 본을 설명함.
- 고전 5:1_ 바울이 전해 들은 음행 문제에 대해 말함.
- 고전 6:1_ 교인끼리 분쟁할 때 세상 법정에서 소송하는 일에 대해 말함.
- 고전 7:1_ 고린도 교인이 쓴 문제에 대해 말함.
- 고전 7:25_ 처녀에 대해 말함.
- 고전 8:1_ 우상의 제물에 대해 말함.

•고전 9:1_ 자신의 사도권을 변호함.

•고전 10:1_ '형제들아.' 고린도 교회가 주의해야 할 내용을 말함.

•고전 12장_ 각종 은사에 대해 말함.

•고전 12:1_ '형제들아.' 신령한 것에 대해 설명함.

•고전 13장_ 최고의 은사인 사랑에 대해 말함.

•고전 14장_ 은사 사용 원리를 설명함.

•고전 14:20_ '형제들아.' 지혜에 장성하라고 말함.

•고전 14:26_ '형제들아.' 은사를 질서대로 사용하라고 권면함.

•고전 15:1_ '형제들아.' 부활에 대해 말함.

•고전 15:31_ '형제들아.' 자신이 날마다 죽는다고 말함.

•고전 15:50_ '형제들아.' 부활에 대한 설명을 마침.

•고전 16:1_ 헌금에 대해 말함.

•고전 16:15_ '형제들아.' 바울의 권면과 끝인사.

바울은 고린도 교회의 창립자이고, 아볼로는 설교를 잘하는 목사이며, 게바는 그리스도인 공동체 최고 지도자다. 고린도 교인들은 자신이 좋아하는 지도자를 내세워 교회를 분열시켰다. 자신이 옳다고 여기며 은사를 자랑했다. 반면에 바울은 연약한 자를 위해, 복음을 전하기 위해, 자신이 아니라 그리스도를 위해 말했다. 고린도 교인들과 바울은 삶의 초점이 확연히 다르다. 바울은 하나님과 신자를 위해 자신을 제한하고 낮추지만, 고린도 교인들은 받아들이지 않는다.

고린도전서 1-6장에서 바울은 고린도 교회의 분열과 죄를 꾸짖는다. "내가 매를 가지고 너희에게 나아가랴"(고전 4:21). "이런(음행한) 자를 사탄에게 내주었으니"(고전 5:5). "너희 몸이 그리스도의 지체인 줄을 알지 못하느냐"(고전 6:15). 그러나 7장부터는 말투가 부드러워진다. 고린도 교회가 전에 쓴 편지에서 바울에게 물어본 내용을 다루기 때문이다. 바울은 결혼과 이혼(고전 7장), 우상 제물(고전 8장), 사도권(고전 9장), 우상 숭배(고전 10장), 여자가 머리를 가리는 문제(고전 11장), 은사 사용(고전 12-14장), 부활(고전 15장), 연보(고전 16장)에 대해 조용히 타이르며 대답한다. 은사 사용(고전 12-14장)과 부활(고전 15장)은 중요한 문제라서 단호한 태도를 보이지만, 조용히 타이르는 말투를 유지한다.

바울은 편지를 맺기 전에 고린도 교회에 헌금을 요청한다. 간음하고 성도끼리 소송하며 우상 제물을 먹는 사람에게 받은 돈으로 예루살렘 교회를 돕는 게 정당할까? 죄를 짓는 사람의 돈으로 하나님의 일을 해도 될까? 이것은 오늘날 우리가 겪는 문제이기도 하다. 목회자가 바뀔 때 지도권 이양이 제대로 되지 않아 나뉘는 교회가 얼마나 많은지 모른다. 음행을 저지르는 직분자와 목회자, 소송 중인 성도가 우리 곁에 있다. 은사와 부활에 관한 논쟁이 수그러들지 않는다. 하나님의 이름을 빙자하여 자신을 높이는 사람이 늘 우리 주변에 있다. 이런 교회에서 우리도 헌금을 한다. 고린도 교회의 문제를 우리의 문제로 읽게 되면 "사랑은 오래 참고 사랑은 온유하며 시기하지 아니하며 사랑은 자랑하지 아니하며 교만하지 아니하며”(고전 13:4)라는 말씀이 전혀 다르게 다가올 것이다.

3. 자주 나오는 낱말을 찾아보라

서신서에는 설교와 권면, 논증이 많이 나온다. 서신서 저자들은 낱말을 신중하게 선택했고, 중요한 낱말은 반복하여 사용했다. 고린도전서 1-3장에는 ‘지혜’가 26회 나온다. 단순히 ‘제게 지혜를 주세요’라고 생각하지 말고, 바울이 ‘지혜’를 26회나 쓴 까닭을 찾아보라. 4장 6절-6장 11절에는 ‘너, 네, 너희’가 42회, ‘나, 내’가 18회, ‘우리’가 12회 나온다. 7장에는 ‘남편, 아내, 부르심’이 계속 나오고, 12장에는 ‘은사, 지체, 몸’이 계속 나온다. 13장에는 ‘사랑’이 계속 나오고, 14장에는 ‘방언’이 계속 나온다.

고린도 교인들은 하나님의 교회에서조차 세상의 방식을 적용했다. 세상은 눈에 띄고 특별한 것을 찾으며, 좋아하는 지도자를 영웅으로 숭배한다. 아들까지 내어 주신 하나님의 사랑을 잊어버리고, 서로 다투며 은사를 자랑의 수단으로 삼는다. 고린도전서에는 ‘위로’가 1회 나오지만 고린도후서에는 ‘위로’가 29회나 나오고 ‘고난’도 자주 나온다. 고린도전서에는 위로가 아니라 꾸중과 질책, 회개가 필요했다. 고린도후서를 읽을 때는 바울이 ‘위로’와 ‘고난’을 자주 쓴 이유를 찾아 보라.

4. 내용을 하나씩 자세히 살펴보라(고전 12-14장)

고린도 교회는 방언을 은사 중 하나로 보지 않고, 영적 탁월함이나 성령이 임재하는 표시라고 보았다. 오늘날에도 이렇게 생각하는 성도가 많다. 방언을 하면 성령의 임재를 맛보았다 하고, 방언을 못하면 뭔가 부족한 그리스도인이라 생각한다. 그래서 방언을 연습하는 교인들도 있다. 신천지는 교회에 침투할 때 방언을 흉내 낸다고 한다. '라라라 방언'은 수준이 낮다며 수준이 높아 보이는 방언을 연습한다고 하는데, 이처럼 방언이 중요한 도구인가?

고린도 교인들은 방언을 특별한 사람이 받는 능력으로 오해했다. '내가' 대단해서 선물을 받았다며 방종했고, '나는 받았는데, 너는?' 하며 형제를 무시했다. 우리는 교회의 덕을 세우기 위해 방언을 구해야 한다. 뜻을 모르고(통역 없이) 하는 방언은 마음의 열매를 맺지 못한다. 그러므로 방언으로 말하는 사람은 방언 통역하기를 기도해야 한다. 이방 신전에서 하듯 소리를 지르며 방언하지 말고, 모든 것을 질서 있게 해야 한다. 방언은 신자들에게 주는 표적이 아니라 불신자들에게 주는 표적이다(고전 14:22). 누가 방언으로 말할 때는, 두세 사람이 순서에 따라 말하고 한 사람이 통역해야 한다(고전 14:27). 통역하는 사람이 없으면 교회에서는 잠잠하고 자기와 하나님께 말해야 한다(고전 14:28). 성경이 방언에 대해 이처럼 명백하게 말하는데도 다른 주장을 하는 사람이 많다.

방언을 지나치게 의존하거나 과시하는 태도는 고린도 교회의 잘못을 되풀이하는 셈이다. 바울은 방언보다 예언의 은사를 사모하라고 말한다. 이것은 예언이 방언보다 훌륭하다는 말이 아니다. 고린도 교회가 예언을 높였다면, 예언에 치우치지 말고 방언을 말하라고 강조했을 것이다. "방언이 대단하냐, 예언이 대단하냐"의 문제가 아니라 하나님이 은사를 주신 목적을 생각하라는 것이다. 바울은 방언으로 일만 마디 말을 하기보다는 다른 사람을 가르치기 위해 깨달은 마음으로 교회에서 다섯 마디 말을 하기 원한다고 말했다(고전 14:19). '일만'은 헬라어에서 가장 큰 숫자다. 덕을 세우는 다섯 마디는 사랑의 말을 가리킨다. 하나님은 개인이 아니라 교회를 위해 은사를 주셨다(고전 12장). 가장 귀한 은사는 사랑이다.

예언과 방언, 지식은 없어져도 사랑은 영원하다(고전 13:8). 은사에 대해 말하는 고린도전서 12장과 14장 사이에 우리가 흔히 '사랑장'이라고 부르는 13장이 있다. 바울은 가장 귀한 은사는 사랑이라고 말하며, 교차대구로 강조한다. 방언과 예언보다 사랑이 귀하다. 우리는 눈에 띄는 은사보다 오래 참고 온유하며 무례히 행치 않는 사랑의 마음을 구해야 한다. 사랑이 없으면 방언이 자랑이 되어 버린다. 교회를 분열시키고, 하나님보다 자기 뜻을 높이게 된다.

물론 방언도 귀한 은사다. 깊은 기도로 인도하는 하나님의 선물이다. 그러나 방언이 최고의 은사는 아니다. 고린도 교회 성도는 방언의 은사를 받았지만 문제가 많았다. 방언으로 말하지만 간음했고, 파벌을 나눠 다퉜다. 방언으로 말한 뒤에는 재판정으로 달려갔다. 방언은 그들을 성숙으로 이끌어 주지 못했다. 경건의 모양은 있으나 경건의 능력은 없었다. 그럼에도 불구하고 바울은 그들을 '형제'라고 부른다. 고린도 교인들은 바울의 편지를 읽고 변화되었을까? 궁금하다면 고린도후서를 읽어 보라.

5. 지금 이곳에서 적용할 부분을 찾아보라

하나님은 일반 원리를 말씀하시면서 구체적인 적용은 우리에게 맡기신다. 특별한 음성으로 알려 주실 때도 있지만 아주 드문 경우다. 성경에서 '내 상황에 딱 맞게 주어지는 말씀'만 찾으면 위험하다. 자신이 원하는 것을 들으려는 마음이 강하면 성경의 앞뒤 내용을 뚝 잘라 내고 엉뚱하게 적용할 수 있다. 하나님은 죄악에 대해서는 '지금 당장' 행동하라고 명하시지만, 그 외의 경우에는 '기다리라'고 하실 때가 많다. 하나님의 때는 우리와 다르다는 것을 기억하라.

그리고 성경이 기록된 당시의 상황은 적용에서 제외하라. 바울은 여자가 기도나 예언을 할 때는 머리에 무언가를 쓰고, 남자가 기도나 예언을 할 때는 머리에 아무것도 쓰지 말라고 한다(고전 11:2-16). 이 성경 구절을 원리로 받아들여, 모든 여자가 모자를 쓰고 예배를 드려야 할까?

모자는 당시 사회에서 순종의 표시였다. 또한 짧은 머리를 한 여자는 간음한 여자나 매춘부, 동성애자라는 표시였다.[1] 지금도 이슬람 국가에서는 여성이 차도르를 쓰지 않으면 음란 행위로 체포한다. 당시 문화에서만 이해할 수 있는 것은 재해석해야 한다.

그리스도인이라면 주님을 신실하게 섬기기 원한다. 주님을 섬기기 위한 분명한 지침을 원한다. 그래서 성경을 읽고 분명한 적용점을 찾으려 한다. 성경을 깊이 있게 읽으면, 해석하는 과정에서 말씀이 마음을 움직여 적용하게 한다. 어떻게 하라는 명확한 음성이 들리지는 않아도 하나님이 무엇을 원하시는지 알게 된다. 성경을 읽으면서 성급하게 '해야 할 의무'를 찾아서 결론을 내리려 하지 말고, 깊이 묵상하기 바란다.

성경은 우리가 회피하는 문제를 직면하게 만든다. 말씀이 가리키는 문제를 붙들고 고민하는 과정에서 적용이 일어난다. 이때 하나님 앞에서 자신을 돌아보며 생각하는 것만으로도 충분하다. 우리와 친밀한 관계를 맺기 원하시는 하나님은 관계에 앞서 어떤 규칙을 내세워 명령하시지 않는다. 성경을 깊이 읽으면서 하나님의 성품을 생각하며 자신을 돌아보라. 그러면 무엇을 적용하여 어떻게 살아야 할지 깨닫게 될 것이다.

신랑을 기다리며 기름을 준비한 슬기로운 처녀들은 신중하게 생각하고 행동했다. 혼인 잔치에 참여하지 못한 처녀들은 예수님을 안 믿어서 들어가지 못한 게 아니었다. 졸지 않은 처녀만 골라서 들여보낸 것도 아니었다. 열 처녀 모두 신랑을 기다렸고, 등불을 준비했으며, 신랑이 늦어지자 졸다가 잠이 들었다. 그러나 미련한 처녀들은 기름을 미처 준비하지 못했다. 그녀들이 기름을 사러 간 사이에 신랑이 왔고 문이 닫혔다. 미련한 처녀들이 닫힌 문을 두드리며 열어 달라고 애원했지만 신랑은 이렇게 대답했다. "진실로 너희에게 이르노니 내가 너희를 알지 못하노라 하였느니라 그런즉 깨어 있으라 너희는 그날과 그때를 알지 못하느니라"(마 25:12-13).

하나님의 말씀이 우리 존재에 깊이 스며들어야 한다. 묵상하고 곧바로 적용하고, 다음 날 다시 묵상하고 다른 일에 적용하려고 애쓰지 마라. 우리 마음에 말씀이 가득 차 있으면 삶에서 흘러나오게 되어 있다. 말씀을 담을 큰 물항아리를 준비하여 날마다 채우라. 그러면 기근이 와도 오랫동안 버틸 수 있다. 신랑이 더디 와도 신실하신 하나님의 언약을 생각하며 기다릴 수 있다.

이야기 형식의 성경 읽기

1. 짧지만 간단하지 않은 이야기(요 7:1-9)

1그 후에 예수께서 갈릴리에서 다니시고 유대에서 다니려 아니하심은 유
대인들이 죽이려 함이러라 2유대인의 명절인 초막절이 가까운지라 3그 형
제들이 예수께 이르되 당신이 행하는 일을 제자들도 보게 여기를 떠나 유
대로 가소서 4스스로 나타나기를 구하면서 묻혀서 일하는 사람이 없나니
이 일을 행하려 하거든 자신을 세상에 나타내소서 하니 5이는 그 형제들까
지도 예수를 믿지 아니함이러라 6예수께서 이르시되 내 때는 아직 이르지
아니하였거니와 너희 때는 늘 준비되어 있느니라 7세상이 너희를 미워하지
아니하되 나를 미워하나니 이는 내가 세상의 일들을 악하다고 증언함이
라 8너희는 명절에 올라가라 내 때가 아직 차지 못하였으니 나는 이 명절에
아직 올라가지 아니하노라 9이 말씀을 하시고 갈릴리에 머물러 계시니라.

내용 분석

- 요 7:1_ 유대인들이 예수님을 죽이려 함.
- 요 7:2_ 초막절이 다가옴.
- 요 7:3-5_ 형제들이 예수님에게 갈릴리를 떠나 유대(예루살렘)로 가서 자신을 나타내라고 함.
- 요 7:6-9_ 예수님의 대답.

배경 지식

- 이전 내용_ 예수님이 갈릴리에서 주로 사역함. 베드로가 "주는 그리스도시요 살아 계신 하나님의 아들"이라고 고백한 뒤에 예수님이 십자가 고난을 예언함. 초막절이 되기 전에 변화산 사건이 있었음.
- 형제들_ 요셉과 마리아가 낳은 예수님의 동생들. 야고보, 요셉, 시몬, 유다(마 13:55).
- 초막절_ 이스라엘 3대 절기[무교절(유월절), 칠칠절(오순절, 맥추절), 초막절] 중 하나로 추수가 끝나고 곡식을 저장할 때라서 수장절이라고도 한다. 광야에서 하나님의 돌보심과 풍성한 수확에 대한 약속을 기억하는 절기다. 역대 왕들 가운데 솔로몬만 초막절을 지켰으며, 느헤미야와 에스라 이후에는 계속 지켰다.

신약 시대에는, 이집트에서 나와 광야를 지날 때 반석에서 물이 나온 일을 기념하며 제사장들이 해 뜨는 순간에 실로암 연못에서 금항아리에 물을 떴다. 물을 뜨면서 "우리 조상들은 여호와의 성전을 등지고 얼굴을 동쪽으로 향하여 동쪽 태양에게 예배했지만 우리의 얼굴은 주께로 향한다"라고 외쳤다(겔 8:16 참고). 여리고 성을 돈 횟수대로 제단에 물을 붓고 "너희가 기쁨으로 구원의 우물들에서 물을 길으리로다"(사 12:3)를 암송하고 애굽 할렐(시 113-118편)을 불렀다. 예루살렘에서 10킬로미터 떨어진 모짜라는 지역에서 나는 버드나무로 초막을 지은 뒤 점점 말라 가는 나무를 보며 "여호와여 구하옵나니 이제 구원하소서 여호와여 우리가 구하옵나니 이제 형통하게 하소서"(시 118:25)라고 외치며 기도했다.

핵심 질문

① 사람들은 예수님을 어떻게 생각했는가?

예수님이 십자가를 생각하며 고민하시는 동안, 제자들은 누가 큰지를 놓고 싸운다. 그들은 예수님을 이해하지 못했고 유명해지라고 등을 떠밀었다. 친족들은 예수님이 미쳤다는 소문을 듣고서 예수님을 붙잡으러 나섰다(막 3:21). 바리새인과 서기관은 사사건건 예수님을 물고 늘어졌고, 사마리아인들은 예루살렘으로 가는 예수님을 맞아들이지 않았다(눅 9:53). 예수님은 공생애 기간 내내 자신을 이해하는 공동체를 만나지 못하셨다. 유대인은 초막절에 하나님의 구원을 기대하면서도 구원자 예수님을 알아보지 못했다. 세례 요한이 예수님께 힘이 되어 주었으나 감옥에 갇힌 뒤에는 "오실 그분이 당신이십니까?" 하며 의심한다. 예수님은 철저히 혼자이셨다. 마지막 순간에는 제자들도 예수님을 떠나고 군중은 "십자가에 못 박으라"고 외쳤다.

② 예수님이 신뢰할 만한 대상은 없었을까?

오직 하나님 한 분밖에 없다. 예수님과 하나님은 한 분이시다. 아버지가 예수님 안에, 예수님이 아버지 안에 계신 관계가 예수님을 이끄신다. 예수님은 핍박과 오해와 멸시보다 하나님과의 관계를 더 귀히 여기셨다. 십자가는 이 관계를 끊는 일이지만 하나님 아버지가 원하시기 때문에, 예수님은 사랑하는 아버지의 뜻에 순종한다.

③ 예수님이 하려는 일은 무엇인가?

예수님은 우리의 죄를 대신하여 십자가를 지러 오셨다. 십자가를 지는 일은 예수님과 연결된 유일한 끈, 즉 하나님 아버지와의 관계를 끊는 일이다. 가장 귀한 가치, 영원토록 함께 거하던 하나님과의 분리를 감당해야만 한다. 예수님은 유일하게 하나 된 아버지와의 관계를 끊기 위해 십자가를 향해 가신다. 이 일은 예수님 외에는 아무도 감당하지 못한다. 하나님을 바라보는 믿음으로 갈 바를 알지 못해도 순종하며 나아가는 것이 아니라, 하나님의 저주를 받기 위해, 가장 친밀한 관계를 끊기 위해 가야 하는 길이다.

우리는 미래를 알고 싶어 한다. 불확실한 미래에 대한 두려움을 없애려고 한다. "내가 네게 보여 줄 땅으로 가라"는 말씀을 들으면 불안해하며 "어디로 가야 할지 알려 주세요. 어떤 일이 생기나요?" 하고 묻는다. 아브라함이 어디로 가는지 모르면서 고향을 떠난 건 대단한 믿음이다. 무슨 일이 생길지 모르면서 천 킬로미터 넘게 걸어갔다. 하지만 이집트로 가려고 결정한 뒤에는 '그들이 내 아내를 빼앗아 가리라' 하며 두려워했다. 파라오에 대한 정보는 아브라함을 두렵게 만들었다.

우리와 달리 예수님은 어떤 일이 일어날지 미리 아신다. 갈릴리에 있어야 할지 예루살렘에 올라가야 할지, 누구를 제자로 뽑아야 할지, 누가 그분을 배신할지 모두 아신다. 때가 이르렀는지 이르지 않았는지 아신다. 다니엘은 사자굴에 들어갈 줄 알고도 습관을 따라 기도했고, 다니엘의 세 친구는 풀무불에 던져질 줄 알고도 두려워하지 않았다. 예수님은 권력을 잡은 자가 위협하는 정도라면 두려워하지 않으신다. 하지만 십자가는 다르다. 십자가는 사자굴이나 풀무불과는 차원이 다른 믿음을 요구한다. 현실의 두려움을 넘어서야 하는 정도가 아니다. 예수님은 하나님과 분리되어 홀로 십자가를 지고 죽음의 길을 향해 가신다. 그 길은 하나님과의 근원적인 믿음을 끊는 길이다. 예수님은 할 수만 있다면 피하고 싶으셨다. 그래서 피하게 해달라고 기도하셨다.

예수님이 십자가에 대해 말씀하시지 않았다면 오해가 덜했을 것이다. 인류의 죄악을 해결해야 하는 사명이 없었다면 여유롭게 사셨을 것이다. 자신을 연예인처럼 떠받드는 문제로 고민하는 정도라면 사람들의 미움을 받지 않았을 것이다. 예수님이 마셔야 하는 잔은 어느 누구도 이해하거나 상상할 수조차 없는 일이었다. 유대인이 초막절마다 "여호와여 구하옵나니 이제 구원하소서"를 외치는 정도로는 결코 해결할 수 없는 죄의 삯을 감당하는 일이었다.

자신의 마음을 이해하고 알아주는 사람이 한 명만 있어도 자살은 하지 않는다. 지지해 주는 공동체가 있다면 더 말할 것도 없다. 엘리야는 뛰어난 능력을 보였지만 이스라엘 백성이 동조하지 않자 마음이 무너졌다. 하나님이 엘리야에게 동역자가 7천 명이나 남아 있다고 힘을 북돋워 주셔야 했다. 그런데 예수님은 철저하게 혼자이시다. 예수님은 십자가 사역을 이해하지 못하는 지지자를 곁에 두었고, 가족의 눈 밖에 났다. 오늘 환호하는 무리가 내일은 자신을 죽이라고 외칠 줄 알면서도 하나님만 바라보셨다. 하나님 아버지와의 관계가 공고하지 않으면 무너지고 만다.

십자가는 예수님이 붙드는 아버지와의 관계, 자신을 지탱하는 유일한 끈을 끊는 일이다. 십자가에 매달려 영원토록 함께하신 하나님과 분리되어야 한다. 영원을 사시며 한 번도 겪어 보지 못한 하나님과의 분리를 견뎌야 한다. 아버지가 내 안에, 내가 아버지 안에(요 10, 14, 17장) 계신 분이 아버지의 외면과 응답 없음을 겪어야 한다. 실제로 우리가 알고 있는 십자가는 희미한 진실이나 희뿌연 거울에 맺힌 영상 정도가 아닐까? 십자가는 우주의 변혁을 가져왔다. 예수님은 우리를 구원하시기 위해 존재의 근원을 무너뜨리셨다. 모든 그리스도인이 "구원하심이 보좌에 앉으신 우리 하나님과 어린 양에게 있도다"(계 7:10) 하고 외치는 게 당연하다. 예수님의 사랑은 신비 그 자체다.

성경의 어느 한 구절에서 정답을 찾으려 하지 말고, 이야기에 뛰어들어 묵상해 보라. 머리는 차갑게, 가슴은 뜨겁게, 손과 발은 뛰어나갈 준비를 하고 말씀을 깊이 곱씹으라. 아무리 짧은 말씀이라도 뿌리와 가지가 구약과 신약 곳곳에 뻗어 있어 신경이 연결되듯 하나님의 뜻이 이어져 있는 것을 보게 될 것이다.

2. 앞뒤를 연결하여 읽어야 할 긴 이야기(삼상 13-18장)

내용 분석

- 삼상 1-3장_ 한나의 기도로 사무엘이 태어나고 선지자가 됨.
- 삼상 4-5장_ 블레셋에게 패배하고 언약궤를 빼앗김. 엘리가 죽음.
- 삼상 6-7장_ 언약궤가 돌아오고 미스바에서 블레셋을 물리침.
- 삼상 8-12장_ 백성의 요구대로 사울이 왕이 되고 암몬을 물리침.
- 삼상 13-14장_ 약한 이스라엘이 강한 블레셋을 물리침.
- 삼상 15-16장_ 사울이 버림받고 다윗이 선택됨.
- 삼상 17-18장_ 다윗이 골리앗을 죽이자 사울이 시기함.
- 삼상 19장 이후_ 사울을 피해 다윗이 도망함.

배경 지식

- 이스라엘은 사사시대 이후로 사무엘을 중심으로 기반을 세웠지만 중앙 집권을 이루지 못했다. 사무엘은 나라를 강하게 하기보다는 하나님의 말씀을 가르치는 일에 더 집중한다(삼상 7장).
- 블레셋이 미스바에서 이스라엘에게 뜻밖의 일격을 당한다. 미국이 이라크에게 지는 정도의 말도 안 되는 패배였다(삼상 7장).
- 이제 막 왕정국가를 이루기 시작한 이스라엘의 군대나 행정제도가 형편없었다(삼상 9-10장).
- 사울의 군사는 잘 훈련되지 않았고 무기도 변변찮았다(삼상 13:2, 13:19-22).
- 블레셋은 병거와 마병까지 보유했다(삼상 13:5).
- 요나단이 게바에 있는 블레셋 수비대를 쳐서 전쟁이 일어난다(삼상 13:3).
- 사울은 하나님의 영에 크게 감동되어 암몬을 물리쳤지만(삼상 11장), 블레셋과의 전쟁에서는 아무것도 하지 않는다.

핵심 질문

① 이스라엘의 군세는 어떤가?

- 40세에 왕이 된 사울 휘하에 군사 2천 명, 아들 요나단에게 군사 천 명이 있다(삼상 13:1-2).
- 이스라엘에 대장장이가 없어서 농기구를 수리해야 할 일이 생기면 블레

셋에 가야 했다. 무기라고는 사울과 요나단이 가진 무기가 전부였다(삼상 13:19-22).

- 블레셋이 쳐들어오자 이스라엘 백성은 굴이나 숲이나 바위틈이나 구덩이나 웅덩이 속으로 기어들어가 숨었다(삼상 13:6).
- 사울의 군사가 2천 명에서 6백여 명으로 줄었다(삼상 13:15). 도망한 이스라엘 백성 가운데는 에브라임 산지에 숨거나 블레셋에 항복한 사람도 있었다(삼상 14:21-22).

② 블레셋의 군세는 어떤가?

- 병거가 3만, 마병이 6천, 백성은 해변의 모래같이 많았다(삼상 13:5).
- 이스라엘이 싸울 상대가 되지 않자, 기습부대를 셋으로 나눠 노략질을 하러 다녔다(삼상 13:17-18).

③ 이스라엘이 승리할 수 있을까?

무기가 형편없고 군대의 사기가 땅에 떨어져도 승리할 수 있는 방법이 있다. 하나님의 선지자 사무엘이 전투가 벌어지고 있는 길갈로 오거나 사울이 하나님의 영에 감동되면 가능하다. 미스바(삼상 7장), 암몬과의 전투(삼상 11장)에서 그랬다. 어떻게 생각하는가?

일주일 동안 기다려도 사무엘이 오지 않자 백성의 마음이 사울에게서 떠나기 시작했다. 불안한 사울이 직접 번제를 드릴 때 사무엘이 길갈에 도착했다. 사무엘은 "왕이 망령되이 행하였도다 왕이 왕의 하나님 여호와께서 왕에게 내리신 명령을 지키지 아니하였도다 그리하였더라면 여호와께서 이스라엘 위에 왕의 나라를 영원히 세우셨을 것이거늘 지금은 왕의 나라가 길지 못할 것이라"고 말하며 떠난다(삼상 13:13-14). 제갈공명이 유비를 비난하고 떠난 셈이다. 하나님은 불순종한 사울과 함께하시지 않는다. 그러므로 이스라엘이 전쟁에서 이길 방법이 없다.

④ 요나단이 한 일은 어떤 의미가 있는가?
이스라엘 백성이 두려움에 떨고 사울이 대책 없이 손을 놓고 있을 때, 요나단은 블레셋 부대로 건너갔다(삼상 14:1). 요나단은 블레셋을 3만 대의 병거(탱크), 6천의 마병(장갑차), 모래처럼 많은 군사가 아니라 "할례받지 않은 자들"로 보았다(삼상 14:6). 구원은 사람의 많고 적음이 아니라 하나님께 달려 있음을 믿고 자신의 무기를 든 소년과 함께 블레셋을 공격했다. 물론 쳐들어가기 전에 먼저 하나님의 뜻을 물었다. 블레셋 사람이 "우리가 너희에게로 가기를 기다리라"고 하면 도망가고, "우리에게로 올라오라"고 하면 하나님이 승리를 주신다는 뜻으로 알고 공격하기로 했다. 마침내 블레셋 사람이 "우리에게로 올라오라"고 말하자 요나단은 올라가 싸운다.

정말 말도 안 되는 이야기다. 김유신의 5만 군사에 맞선 계백의 5천 군사는 뛰어난 지도자, 대등한 무기, 하늘을 찌르는 군사들의 사기 때문에 세 번이나 이길 수 있었다. 하지만 요나단이 무기를 든 소년을 데리고 블레셋을 향해 뛰어드는 건 불나방이 불빛을 향해 뛰어드는 것과 같다.

⑤ 요나단이 블레셋과 싸울 때 어떤 일이 일어났는가?

요나단은 겨릿소 한 쌍이 반나절에 갈아엎을 만한 들판에서 블레셋 군사 20여 명을 죽였다. 병거와 마병은 그대로이고 군사가 20여 명 줄었는데, 블레셋 군대는 공포에 떨었다. 이후 블레셋 진영은 극심한 혼란에 빠졌다. 블레셋 군사들이 칼을 뽑아 들고 정신없이 서로 죽이기 시작했다. 사울의 군사였다가 항복하여 블레셋 군대에 섞여 있던 이스라엘 사람들은 왕자 요나단이 블레셋 군사 20여 명을 죽이자 마음이 움직였다(삼상 14:21). 심지어 땅마저 흔들렸다. 이 진동은 이미 미스바에서 경험한 적이 있었다(삼상 7장). 그들은 살기 위해 블레셋에 항복했지만 하나님의 일하심을 알아차릴 정도의 믿음은 갖고 있었다.

하나님이 일하시는데 그분 편에 서지 않으면 어떻게 될지 아는 이스라엘 사람이 주변에 있는 블레셋 군사를 죽이기 시작했다. 옆에 있는 군사가 다른 군사를 죽이자 블레셋 군대는 서로를 적으로 간주했다. 조금만 움직여도 자신을 죽이려는 것으로 여겨 무기를 휘둘렀다. 블레셋은 여호와의 언약궤가 다곤을 박살 내고 가는 곳마다 독종을 일으켜 괴로웠던 기억을 갖고 있었다. 블레셋 군사들은 그 일을 기억하며 두려워 떨었다. 블레셋은 쫓겨 가고 이스라엘은 구원받았다.

블레셋은 대대로 이스라엘을 이겼고, 무기나 군사력도 훨씬 막강했다. 그러나 하나님의 언약궤가 일으킨 공포와 미스바에서의 패배를 경험한 블레셋은 이스라엘이 무기를 갖지 못하게 했다. 하지만 요나단 한 사람 때문에 지고 말았다. 블레셋은 전군이 무장하고 몰려갔지만 한 사람을 이기지 못해 패배한 것이다. 그래서 이번에는 요나단을 이길 만한 용사를 앞세워 다시 쳐들어온다.

그가 바로 골리앗이다. 블레셋이 거인 골리앗을 앞세워 쳐들어오자 사울과 이스라엘 백성은 두려워 떤다. 이상하게도 블레셋은 지난번처럼 노략질하지 않는다. 골리앗도 이스라엘을 조롱하고 모욕할 뿐 공격하지 않는다. 골리앗은 요나단을 기다린 게 아니었을까? 지난 전투에서 블레셋을 물리친 요나단에 대항하여 골리앗을 보냈지만 요나단은 나오지 않는다. 요나단이 하나님의 이름을 모욕하는 골리앗과 왜 싸우지 않았는지 모르겠다. 그런데 이제 요나단 대신 다윗이 나선다.

우리 대부분은 다윗에 대한 선입견을 갖고 있다. 뛰어난 용사, 잘생긴 사람, 하나님의 능력이 임한 사람으로 여긴다. 미켈란젤로가 만든 다비드 조각상을 떠올린다. 그러나 다비드 조각상에는 할례 흔적이 없으며, 신체 비례에 어울리지 않게 손이 엄청 크다. 르네상스의 산물인 다비드 조각상은 사람의 손으로 큰 일을 이룸을 표현하고 있는 것이다. 할례받지 않은 골리앗에게 하나님의 이름을 모욕한다고 분노한 다윗과는 전혀 어울리지 않는다.

사무엘이 이새를 찾아갔을 때(삼상 16장) 다윗의 형들을 엘리압부터 차례대로 만났다. 하나님의 사람인 사무엘의 눈에도 다윗의 형들이 괜찮아 보였다. 다윗은 보잘것없는 막내일 뿐이었다. 그러나 하나님은 '용모와 신장'을 보지 말라고 말씀하신다. 다윗은 용모와 신장이 뛰어나서 왕이 된 것이 아니었다.

다윗은 골리앗을 거인이 아니라 할례받지 않은 자로 보았다. 요나단이 블레셋 군대를 할례받지 않은 자들로 본 것과 같은 관점이다. 아마 이 사실을 알고 가장 놀란 사람은 블레셋 왕이나 군사, 사울, 다윗의 형들이 아니라 요나단이었을 것이다. 요나단은 자신이 서야 할 자리에 대신 나서서 골리앗을 물리친 소년 다윗을 사랑할 수밖에 없지 않았을까? 요나단은 다윗을 자기 생명처럼 사랑하게 되었다(삼상 18-19장). 다윗은 두려워 떠는 백성을 대신하여 싸우는 예수님의 모습을 보여 준다. 예수님은 흠모할 만한 아름다운 것이 없지만(사 53:2) 우리의 죄를 대신 지고 골고다에 오르셨다.

적은 매우 다양한 모습으로 우리를 공격한다. 병거와 마병을 끌고 와서 사방을 에워싸며 두렵게 한다. 우리를 고립시키고 두려워 떨게 만들며, 괴롭히는 사람을 우리 곁에 두기도 한다. 골리앗은 우리가 가정과 직장, 교회에서 하나님의 자녀답게 살지 못하도록 우리 마음을 공격하고 무너뜨린다. 우리는 과연 요나단처럼 설 수 있을까? 불가능해 보이는 일 앞에서 온전히 하나님만 의지할 수 있을까? 성도는 믿음으로 적과 싸워 이겨야 하지만 때로는 골리앗 앞의 요나단처럼 뒤로 물러나 있기도 한다. 한때 용감하게 적을 물리쳤더라도, 골리앗 앞에서 움츠러들기도 한다.

이럴 때일수록 승리하신 예수님을 바라보아야 한다. 끝이 보이지 않을 정도로 늘어선 적이든, 넘어뜨릴 수 없을 정도로 큰 거인 골리앗이든 상관없다. 눈앞에 있는 문제들은 그냥 문제일 뿐이다. 십자가에서 승리하신 예수님으로 인해 우리는 승리한다. 골리앗의 위협 앞에서 우리는 주님만 의지하면 된다. 대장 되신 예수님이 싸우시니, 우리는 그분 뒤를 따르기만 하면 된다. 승리는 예수 그리스도를 통해 온다.

우리가 사무엘상을 살펴본 것처럼 성경은 전체로 읽어야 한다. 어떤 인물이 나오면 그의 전 인생을 살펴보라. 앞뒤 시대를 살피고 전후 배경을 연결하여 읽어야 왜곡하지 않는다. 고려 없는 조선, 조선 없는 대한제국은 없다. 전체 이야기 가운데 작은 이야기가 어떤 의미로 자리 잡고 있는지 살펴보며 읽으라.

3. 귀 있는 자가 듣는 예수님의 비유(마 20:1-16)

예수님은 종종 비유로 가르치셨다. 비유는 보고 들어도 뜻을 알려 주지 않으면 깨닫기가 어렵다. 비유의 내용은 누구나 이해할 수 있지만, 예수님이 왜 비유로 말씀하시는지 알려 주셔야 한다. mystery와 secret은 둘 다 '비밀'을 뜻한다. secret은 감춰진 비밀이라 권한이 있어야 볼 수 있다.

만일 비유가 secret이라면 권한을 가진 사람에게만 제한된다. 예수님은 제자들이 '씨 뿌리는 사람의 비유'가 무엇을 뜻하는지 묻자 이렇게 대답하셨다. "하나님 나라의 비밀을 아는 것이 너희에게는 허락되었으나 다른 사람에게는 비유로 하나니 이는 그들로 보아도 보지 못하고 들어도 깨닫지 못하게 하려 함이라"(눅 8:10). 예수님은 자격을 갖춘 사람에게만 비유로 말씀하시지 않았다. 누구나 예수님의 비유를 들을 수 있지만 비유의 뜻은 소수만 알기에 mystery라 할 수 있다.

눈 뜨고 뻔히 보고도 무슨 일인지 모르는 것을 mystery(신비)라고 한다. 신비는 하나님이 빛을 비춰 주셔야만 알 수 있다. 어떤 기막힌 해석이 아니라 하나님이 뜻을 알려 주셔야 한다. 우리는 탕자의 비유와 선한 사마리아인의 비유를 너무 많이 들어서 선입견이 생겨 버렸다. 예수님 당시에 탕자는 때려 죽여도 시원찮은 놈이고, 사마리아인은 상종 못할 족속이었다. 그런데 오늘날 탕자는 환영받는 사람이 되었고, 사마리아인은 아주 괜찮은 인물로 바뀌었다. 차라리 '돌아온 연쇄살인마의 비유'나 '선한 일본 극우파의 비유'가 낫지 않을까 싶다.

선한 사마리아인의 비유를 보면, 어떤 사람이 예루살렘에서 여리고로 내려가다가 강도를 만난다. 누군가가 이 비유를 다음과 같이 해석했다. "예루살렘은 에덴 동산, 거룩한 곳, 교회다. 여리고는 죄로 가득한 세상, 하나님을 떠난 상태다. 강도는 사탄이다. 주막은 교회다. 동전 두 개는 구약과 신약이다." 이런 식의 해석은 기발해 보이지만 틀렸다. 선한 사마리아인의 비유는 우리의 이웃이 누구인지를 알려 주는 예수님의 대답이다. 예수님은 '씨 뿌리는 사람의 비유'에서 이런 방법(풍유)으로 말씀하셨다. 하지만 대부분은 이야기 자체에 뜻이 담겨 있다. 비유는 예수님이 말씀하신 뜻 그대로 받아들여야 한다.

본문(마 20:1-16)

[1]천국은 마치 품꾼을 얻어 포도원에 들여보내려고 이른 아침에 나간 집 주
인과 같으니 [2]그가 하루 한 데나리온씩 품꾼들과 약속하여 포도원에 들여
보내고 [3]또 제삼시에 나가 보니 장터에 놀고 서 있는 사람들이 또 있는지라
[4]그들에게 이르되 너희도 포도원에 들어가라 내가 너희에게 상당하게 주리
라 하니 그들이 가고 [5]제육시와 제구시에 또 나가 그와 같이 하고 [6]제십일시
에도 나가 보니 서 있는 사람들이 또 있는지라 [7]이르되 너희는 어찌하여 종
일토록 놀고 여기 서 있느냐 이르되 우리를 품꾼으로 쓰는 이가 없음이니이
다 이르되 너희도 포도원에 들어가라 하니라 [8]저물매 포도원 주인이 청지기
에게 이르되 품꾼들을 불러 나중 온 자로부터 시작하여 먼저 온 자까지 삯
을 주라 하니 [9]제십일시에 온 자들이 와서 한 데나리온씩을 받거늘 [10]먼저
온 자들이 와서 더 받을 줄 알았더니 그들도 한 데나리온씩 받은지라 [11]받
은 후 집 주인을 원망하여 이르되 [12]나중 온 이 사람들은 한 시간밖에 일하
지 아니하였거늘 그들을 종일 수고하며 더위를 견딘 우리와 같게 하였나이
다 [13]주인이 그중의 한 사람에게 대답하여 이르되 친구여 내가 네게 잘못한

것이 없노라 네가 나와 한 데나리온의 약속을 하지 아니하였느냐 [14]네 것이
나 가지고 가라 나중 온 이 사람에게 너와 같이 주는 것이 내 뜻이니라 [15]내
것을 가지고 내 뜻대로 할 것이 아니냐 내가 선하므로 네가 악하게 보느냐
[16]이와 같이 나중 된 자로서 먼저 되고 먼저 된 자로서 나중 되리라.

내용 분석

- 마 19:16-22_ 부자 청년이 영생에 대해 묻고 예수님이 대답하심.
- 마 19:23-24_ 부자 청년이 떠난 뒤 예수님이 제자들에게 말씀하심.
- 마 19:25-30_ 누가 구원을 얻느냐는 제자들의 질문에 예수님이 대답하심.
- 마 20:1-16_ 포도원에 들어간 품꾼의 비유.
- 마 20:17-19_ 예수님이 십자가와 부활을 예고하심.

배경 지식

- 마 19:16-22_ 부자 청년이 영생에 대해 묻자 예수님은 "네 소유를 팔아 가난한 자들에게 주라 그리하면 하늘에서 보화가 네게 있으리라 그리고 와서 나를 따르라"고 말씀하신다. 모든 사람이 재산을 나눠 주어야 영생을 얻는다는 뜻이 아니다. 부자 청년이 모든 계명을 지켰다고 자신했기 때문에 지키지 않은 한 가지를 짚어 주신 것이다.
- 마 19:23-30_ 재산이 많은 청년이 근심하며 가자 예수님은 제자들에게

"부자는 천국에 들어가기가 어려우니라"고 말씀하신다. 제자들이 깜짝 놀라서 그러면 누가 구원을 얻을 수 있냐고 묻자 예수님은 "사람으로서는 할 수 없으나 하나님으로서는 다 하실 수 있느니라"고 대답하신다. 그러자 베드로가 "우리가 모든 것을 버리고 주를 따랐사온대 그런즉 우리가 무엇을 얻으리이까" 하며 부자 청년처럼 말한다. 부자 청년은 자신이 계명을 다 지켰다고 예수님께 우쭐댔고, 베드로는 모든 것을 버리고 주를 따랐다고 우쭐댔다. 그러나 예수님은 베드로에게 '성질머리 고치고 나를 따르라'고 하지 않으신다. 베드로는 제자의 대가를 치르게 될 것이다. 예수님은 "먼저 된 자로서 나중 되고 나중 된 자로서 먼저 될 자가 많으니라" 하며 품꾼의 비유를 말씀하신다.

• 품꾼의 하루 품삯은 한 데나리온이다. 유대인은 오전 6시부터 오후 6시까지 일했으며, 식사 시간과 오후 취침 시간을 보장받았다. 삼시는 9시, 십일시는 오후 5시다. 포도원에서 가장 많이 일한 사람은 오전 6시부터 오후 6시까지 일했고, 마지막에 온 사람은 오후 5시부터 한 시간만 일했다.

핵심 질문

① 천국의 다른 비유에는 무엇이 있는가?

'천국은 마치'로 시작하는 비유가 마태복음에만 아홉 번 나온다. 겨자씨 비유(마 13:31-32), 누룩 비유(마 13:33), 밭에 감추인 보화 비유(마 13:44), 진주 장사의 비유(마 13:45-46), 그물에서 물고기를 골라내는 비유(마

13:47-48), 곳간 주인의 비유 (마 13:52), 품꾼을 구하는 포도원 주인의 비유(마 20:1-16), 혼인 잔치를 베푼 임금의 비유(마 22:2-14), 열 처녀의 비유(마 25:1-13)다. 천국은 이미 임했고, 동시에 앞으로 임할 것이다.

② 포도원 주인에 대해 알 수 있는 사실은 무엇인가?

- 품꾼을 얻어 포도원에 들여보내려고 이른 아침에 나갔다(마 20:1).
- 품삯으로 하루 한 데나리온을 주기로 약속했다(마 20:2).
- 품꾼을 포도원에 들여보낸 뒤에도 오전 9시, 정오 12시, 오후 3시, 오후 5시에 품꾼을 더 구하러 갔다(마 20:3-6).
- 1시간 일한 사람이나 12시간 일한 사람에게 품삯으로 한 데나리온을 주었다(마 20:9-10).
- 오전 6시에 온 사람들에게 한 데나리온씩을 약속한다(마 20:2). 오전 9시에 온 사람들에게는 상당하게 주겠다며 포도원에 들여보낸다. 정오 12시, 오후 3시에 온 사람들에게도 동일하게 약속하며 포도원에 들여보낸다. 하지만 오후 5시에 온 사람들에게는 품삯에 대해 따로 약속하지 않고 포도원에 들여보낸다.

③ 포도원 주인의 태도는 합리적인가?

하루 종일 일한 사람들에게 한 데나리온을 약속했다면, 나중에 온 사람들은 일한 시간만큼 받는 게 합리적이다. 보통 일을 잘하는 일꾼은 오전

6시에 뽑혀 간다. 오후 5시까지 남겨진 사람은 능력이 부족해서 뽑혀 가지 못한 사람이다. 그런데도 똑같이 한 데나리온씩 받는 것은 경제논리에 맞지 않는다. '이럴 바에는 내일부터 우리도 오후 5시쯤 나와서 한 시간만 일하고 돈 받아 가자'고 생각할 사람이 생기지 않을까? 이것은 평생 죄 짓고 살다가 죽기 직전에 회개하면 된다는 논리와 다를 바 없다.

④ 본문 배치에서 특이한 점은 무엇인가?

- 마 19:30_ 먼저(A) 된 자로서 나중(B) 되고 나중(B) 된 자로서 먼저(A) 될 자가 많으니라. (A)
- 마 20:1-7_ 오전 6시-오전 9시-정오 12시-오후 3시-오후 5시에 품꾼이 포도원에 들어갔다. (B)
- 마 20:8-15_ 오후 5시-오후 3시-정오 12시-오전 9시-오전 6시에 온 사람 순서로 품삯을 받았다. (B)
- 마 20:16_ 나중(B) 된 자로서 먼저(A) 되고 먼저(A) 된 자로서 나중(B) 되리라. (A)
- 마 19:30, 20:16은 "A-B-B-A"(B-A-A-B) 구조이고, 본문 전체도 "A-B-B-A" 구조다. "먼저 된 자로서 나중 되고 나중 된 자로서 먼저 되리라"는 말씀에 딱 맞는 표현 방법이다. 먼저 온 사람이 나중에 품삯을 받고, 나중에 온 사람이 먼저 품삯을 받는다.

⑤ 예수님의 의도는 무엇인가?

오전 6시에 온 사람들은 일한 만큼 받았다. 늦게 온 사람들은 일은 조금 하고 품삯은 많이 받았다. 포도원 주인이 잘못한 것은 없지만, 일찍 온 사람일수록 억울한 마음이 든다. 그래서 현대사회는 이런 식으로 대우하지 않는다. 부자 청년(유대인)은 오전 6시에 온 일꾼이라 할 수 있다. 일찍부터 주인에게 뽑혀 포도원에서 일하고 품삯을 받았다. 그는 품삯(재물)을 은혜가 아니라 노동의 대가라고 생각한다. 종일 수고와 더위를 견딘 헌신을 내세운다. 은혜와 믿음으로 받는 구원을 이해하지 못한다. 그래서 "지금까지 율법을 다 지켰는데 무엇을 더해야 합니까?"라고 말한다. 바리새인은 자신들이 하루 종일 수고와 더위를 견뎠기 때문에 사마리아인과 이방인보다 더 많은 품삯을 받아야 한다고 생각했다.

"하나님이 그 해를 악인과 선인에게 비추시며 비를 의로운 자와 불의한 자에게 내려 주심이라"[2](마 5:45). 어려서부터 계명을 지킨 부자 청년이나 일주일에 두 번씩 금식하는 바리새인은 정당한 품삯이 아니라 은혜로 하나님 나라에 가는 것이다. 19세기 영국의 위대한 사회 사상가 존 러스킨은 자신의 저서 『나중에 온 이 사람에게도』(*Unto this last*)에서 부자를 이렇게 비판한다. "부자는 부와 관련된 도덕적인 기호들을 보지 못하고, 모든 신경을 경제학이 세운 원리에 따라 합법적인 상거래를 했는지 여부에만 쏟는다."[3] 간디는 이 책을 "내 삶을 송두리째 뒤바꾼 한 권의 책"이라고 소개할 정도로 큰 영향을 받았다.

포도원 주인이 12시간 일한 사람에게 약속한 품삯을 주었는데, 그 사람이 불만을 터트리며 더 받아야 한다고 주장했다. 즉 하루 종일 더위를 견디며 열심히 일했으니 하나님 나라에 들어갈 자격이 있다고 말하는 것이다. 나보다 못한 사람이 나와 같은 대접을 받는 걸 싫어하는 것이다. 이것은 하나님 나라의 원리가 아니다. 우리는 모두 오후 5시에 포도원에 들어온 품꾼과 같다. 하나님은 정당한 대가가 아니라 감당하지 못할 정도로 풍성한 은혜를 베푸신다. 자기 공로대로 받는 사람은 아무도 없다.[4] 하나님은 의인을 용납하는 것과 동일하게 죄인을 기꺼이 용납하신다.

사람의 일이라면 오전 6시에 온 사람이 오후 5시에 온 사람보다 품삯을 더 받아야 한다. 그러나 하나님이 포도원 주인이라면 이야기가 달라진다. 하나님 나라는 일한 대가가 아니라 은혜로 주어진다. 은혜는 하루 품삯처럼 계산하지 않는다. 계산의 결과가 아니라 값없이 선물로 받는다. 노력의 대가로 받는다고 생각하는 사람에게 예수님은 "네 상을 이미 받았다"고 말씀하신다. 부자 청년이 소유를 다 팔아 가난한 사람에게 주고 "이제 충분합니까? 시키는 대로 다 했습니다"라고 말한다 해도 여전히 부족하다. 헌신을 내세우지 말고 자신이 은혜가 필요한 죄인임을 깨달아야 한다.

바리새인은 자신이 계명을 다 지켰다고 여긴다. 받을 자격이 있는 사람이 하나님 나라에 들어간다고 생각했다. 그러나 하나님은 불합리해 보이는 은혜를 베푸신다. 게으르고 무능하여 아무도 일꾼으로 쓰지 않은 사람(세리와 죄인)을 부르신다. 열심히 일했다는 증거가 없어도 하나님은 그들에게 감사가 넘치게 하신다. 한 일이 없고 내세울 것이 없는 우리에게도 하나님은 은혜를 베푸신다. 은혜는 우리가 노력한 대가가 아니라 하나님이 값없이 주신 선물이다. 이 사실을 잊어버리면 바리새인이 된다. 우리는 오후 5시에 포도원에 들어온 일꾼이기에 감사함으로 하나님을 섬긴다. 교회는 공정함보다 은혜가 앞서는 곳이다.

공정함을 내세우는 사람은 '지금 이곳에서' 계산을 끝내려고 한다. 다른 사람보다 열심히 일했다면 더 받는 게 당연하다고 말한다. 교회에서조차 은혜가 불합리해 보인다. 예수님은 "그들은 자기 상을 이미 받았느니라"(마 6:2, 5, 16)고 말씀하신다. 하나님은 우리가 일한 만큼만 주시는 분이 아니시다. 은혜가 풍성하신 하나님은 우리가 생각하지 못한 보화를 주신다. 예수님 당대에는 은행이 없어서 보물을 밭에 깊이 묻어 두었다. 그래서 보물을 찾은 이야기가 많았다. 은혜는 밭에 감추인 보화와 같다. 예수님은 천국을 자기 주머니에 들어오는 품삯과 바꾸지 말라고 하신다.

이제 예수님은 포도원 비유에 이어 십자가와 부활을 예고하신다(마 20:17-19). 오후 5시에 온 품꾼에게도 동일하게 베푸시는 은혜는 예수 그리스도의 십자가에서 나온다. 율법을 다 지켰는데 무엇을 더 해야 하느냐에 대한 답은 바로 십자가다. "무엇을 더 하느냐가 아니라 십자가를 믿느냐?"가 핵심이다. 하나님의 자녀가 되는 권세는 혈통(유대인), 육정, 사람의 뜻(사람의 노력과 욕심)으로 나지 않고 오직 하나님께로부터 난다(요 1:12-13). 우리가 포도원에서 열심히 일하는 까닭은 오후 5시에도 일꾼으로 부르신 주인에게 감사하기 때문이다.

비유를 살펴볼 때는 어떤 상황에서 누구에게 주신 말씀인지 자세히 보아야 한다. 제자에게 말씀하셨는지, 무리에게 말씀하셨는지, 바리새인에게 말씀하셨는지, 예수님께 호의를 가진 사람에게 말씀하셨는지, 악의를 가진 사람에게 말씀하셨는지 살펴보라. 예수님이 어떤 특별한 대상에게 무슨 말씀을 하고 싶어 하셨는지 찾아보고, 비유에 나오는 사람이나 물건이 당시에 어떤 대접을 받았는지 조사하라. 그러면 비유가 더 풍성하게 다가올 것이다.

시 형식의 성경 읽기

시는 찬양과 경배, 애통과 호소, 기쁨과 슬픔을 표현한다. 하나님께 중심을 털어놓으며 외친다. 시편에는 떨림이 있다. 두려움과 환희, 탄식과 절박함, 찬양과 저주를 짧은 문장에 담아 터트린다. 시인이 앉고 누우며 울던 곳에서 그의 마음을 느껴야 한다. 시인이 처한 형편을 살펴보며 그의 마음의 울림을 느껴 보라.

1. 시인이 처한 상황을 살펴보라

몇몇 시편들에는 표제가 붙어 있어 시편 기자가 어떤 상황에서 어떤 형식으로 썼는지 알 수 있다. 시편 34편은 "다윗이 아비멜렉 앞에서 미친 체하다가 쫓겨나서 지은 시"라는 표제가 붙어 있다. 그리고 시편 56편은 "다윗의 믹담 시, 인도자를 따라 요낫 엘렘 르호김에 맞춘 노래, 다윗이 가드에서 블레셋인에게 잡힌 때에"라는 표제가 붙어 있다. 이 두 시편의 배경은 사무엘상 21장 10-15절에 나온다.

다윗이 사울에게 쫓겨 자신을 철천지원수로 생각하는 골리앗의 고향, 가드로 망명했다. 가드 왕 아기스의 신하들이 알아보자 다윗은 침을 흘리며 미친 체한다. 그러자 아기스가 신하들에게 "내게 미치광이가 부족해서 너희가 이 자를 데려다가 내 앞에서 미친 짓을 하게 하느냐?" 하며 화를 낸다. 다행히 목숨을 건진 다윗은 그곳을 떠나 아둘람 굴로 도망친다.

2. 형식을 생각하며 내용을 묵상하라

시편 34편에서 다윗은 여호와를 찬양하고(1절) 자랑하며(2절) 그분의 이름을 높이며(3절) 자신의 기도에 응답하셨다(4절)고 외친다. 여호와를 찾는 자는 부족함이 없고(10절), 환난에서 건짐받으며(17절), 구원받고(18절), 영혼이 속량받는다(22절)고 고백한다. 하나님은 다윗을 위해 천사를 보내지 않으셨다. 다윗은 자신이 침을 흘리며 미친 체하여 살아났는데도 하나님을 송축한다. 여호와의 천사가 건져 주셨다고 고백하며 복을 노래한다. 겨우 살아났지만 마음을 가라앉히고 아크로스틱 형식(히브리어 알파벳 순서에 따라 쓴 시)을 생각하며 천천히 썼기 때문에 이렇게 고백했을 것이다. 이 시편에는 예수님이 십자가에 달리셨을 때 뼈가 하나도 꺾이지 않은 일을 예고한 말씀이 나온다(20절).

시편 56편은 34편과 같은 상황에서 쓴 시지만 느낌이 아주 많이 다르다. "하나님이여 내게 은혜를 베푸소서"(1절)라는 말로 시작한다. 다윗은 원수가 종일 삼키려 하고(2절), 종일 말을 곡해하며(5절), 생명을 엿보고 숨어 지켜본다(6절)고 한다. 내 눈물을 주의 병에 담아 달라(8절)고 한다. 전체 13절 가운데 '하나님을 의지한다'는 표현이 여섯 번 나온다. 급박한 상황에서 하나님을 의지하는 마음을 즉흥적으로 표현했기 때문에 그렇다. 표제에 쓰인 '요낫 엘렘 르호김'은 '멀리 있는 침묵의 비둘기'라는 뜻이다. 다윗이 자신의 처지를 비둘기에 비유하여 부른 노래 가사다.

다윗은 미친 사람 흉내를 내어 겨우 목숨을 구했다. 굉장히 무섭고 떨렸을 것이다. 하나님이 돕지 않을 거라는 사탄의 유혹이 귀를 간질였을 것이다. "미친 체하도록 그냥 놔뒀잖아! 돕지 않을 거야. 기도해도 소용없어. 네 지혜로 살아난 거지!" 다윗은 왜 "가만있는 사람을 불러서 왕 삼아 준다고 하더니 도대체 이게 뭡니까?" 하며 불평하지 않았을까? 왜 하나님이 도와주지 않는다고 생각하지 않았을까? 천둥과 번개로 도우시면 하나님을 찬양한다. 그러나 침 흘리고 미친 체하게 놔두어도 하나님을 찬양할 수 있을까? 하지만 다윗은 하나님께 유혹과 두려움까지 아뢰며 믿음으로 이겨 낸다. 시편 56편에서 다윗은 도우시는 하나님(9절), 의지하고 찬송할 하나님(10절), 능력의 하나님(11절), 실족하지 않게 하시는 하나님(13절)을 노래한다.

다윗은 하나님을 자동판매기처럼 생각하지 않았다. '힘들고 어렵지만 찬양한다'는 수준을 뛰어넘어 진정으로 하나님을 찬양했다. 자신이 아무것도 아닌 존재임을 확실히 알았다. 잔꾀로 죽을 고비를 넘기는 수준인데도 하나님이 도와주셔서 피했다고 생각했다. 다윗은 오랫동안 고난의 순간들을 지나면서 하나님께 힘들다고 부르짖을지언정 하나님의 은혜를 잊지는 않았다. 굴에 숨어 있든, 미친 체하든, 사울에게 쫓기든, 살아 있는 것을 하나님의 은혜로 생각했다. 초자연적인 개입 없이 미친 체하여 목숨을 건지는 것도 하나님의 은혜다.

시편 57편은 "다윗의 믹담 시, 인도자를 따라 알다스헷에 맞춘 노래, 다윗이 사울을 피하여 굴에 있던 때에"라는 표제가 붙어 있다. 그리고 142편은 "다윗이 굴에 있을 때에 지은 마스길 곧 기도"라는 표제가 붙어 있다. 이 두 시편은 다윗이 사울을 피해 굴에 있을 때 지은 것이다. 이 시편들을 살펴보면서, 노래와 기도가 어떻게 다른지 깊이 묵상해 보라.

미주

1장 우리는 왜 성경을 빼앗겼는가?

1. 〈크리스채너티 투데이〉, 2008년 9월호, '교회가 싫으십니까?', 팀 스태포드, 23쪽 참고.
2. 『스크루테이프의 편지』, C. S. 루이스, 홍성사, 60쪽.
3. 문자 그대로 말씀을 지키는 유대인들은 가죽끈에 신명기 6장 4-5절을 적어 손목에 감고, 통이 달린 머리띠 안에 넣고 다닌다.
4. 『필립 얀시와 함께하는 맥 잡는 성경 읽기』, 필립 얀시, 진흥, 159쪽 참고.
5. 〈크리스채너티 투데이〉, 2011년 11월호, '성경도 내 위주로? 말씀 중심 삶이란?', 김철우, 박대영, 이시종 대담 참고.
6. 〈크리스채너티 투데이〉, 2009년 1월호, '자기 말 성경처럼 큰 기적은 없습니다', 23쪽 참고.
7. 〈크리스채너티 투데이〉, 2015년 1, 2월호, '그들에게서 용서를 배웠습니다', 30-34쪽 참고.
8. 『악마의 비밀문서를 훔치다』, 오스 기니스, 정연, 236쪽 참고.
9. 〈크리스채너티 투데이〉, 2011년 11월호, '성경도 내 위주로? 말씀 중심 삶이란?', 19쪽.
10. 『교회사의 보화』, 제프리 빙햄, IVP, 88쪽.
11. 『유대인의 옷을 입은 예수』, 팀 스태포드, 스텝스톤, 317쪽 참고.
12. 2007년에 교황 베네딕트 16세가 '천주교회 외에는 참된 교회가 없다'는 문서에 승인하여 한바탕 소동이 일어났다.
13. 〈크리스채너티 투데이〉, 2012년 2월호, '성경 읽으면 진보가 된다?', 김기현, 62쪽 참고.
14. 같은 책, 63쪽.

2장 성경 : 하나님이 들려주신 언약 이야기

1. 디트리히 본회퍼의 『옥중서간』을 『요단강에서 바벨론 물가까지』에서 재인용, 김지찬, 생명의말씀사, 681쪽.
2. 성경의 장과 절을 구분하여 출간한 첫 성경은 1555년에 펴낸 스테파노스의 불가타 성경이다. 오늘날의 성경은 1560년판 제네바 성경의 장과 절 구분을 적용하고 있다.
3. 『바울은 그렇게 가르치지 않았다』, 게리 웰스, 돋을새김, 267쪽 참고.

4. 『모세오경 바로 읽기』, 차준희, 성서유니온, 239쪽 참고.

5. 『어떻게 성경을 읽을 것인가』, 고든 피 공저, 성서유니온, 224쪽 참고.

6. 『주와 함께 달려가리이다』, 유진 피터슨, IVP, 76쪽 참고.

7. 『어떻게 복음서를 읽을 것인가?』, 죠엘 그린, IVP, 155쪽 참고.

8. 『그런 하나님을 어떻게 믿어요?』, 김기현·김희림, SFC, 140쪽 참고.

9. 『성경을 상고하라』, 워치만 니, 생명의말씀사, 116쪽 참고.

10. 『구약의 숲』, 김근주, 대장간, 208쪽 참고.

11. 『존재의 이유』, 자끄 엘룰, 규장, 256쪽.

12. 『예언자들』, 아브라함 조슈아 헤셸, 살림, 40쪽 참고.

13. 『열린다 비유』, 류모세, 두란노, 232쪽 참고.

3장 성경, 이렇게 읽어라

1. 『교회사의 보화』, 제프리 빙햄, IVP, 83쪽.

2. 〈오아시스〉, FIM 국제선교회, 2014년 10월호, 4쪽 참고.

3. 『청년설교』, 김회권, 복있는사람, 184쪽 참고.

4. 〈크리스채너티 투데이〉, 2009년 12월호, '주변에서 밀려난 기독교를 회복하라', 마이클 호튼, 57쪽.

5. 『유진 피터슨』, 유진 피터슨, IVP, 386쪽 참고.

6. 『통쾌한 신학사전』, 프레드릭 뷰크너, 요단 87-88쪽 참고.

7. 『이 책을 먹으라』, 유진 피터슨, IVP, 21쪽 참고.

8. 『펼쳐라 성서』, 제임스 벨 주니어 외, 서해문집, 19쪽 참고.

9. 『번역과 반역의 갈래에서』, 박규태, 새물결플러스, 260쪽 참고.

10. 『산둥 수용소』, 랭던 길키, 새물결플러스, 352-353쪽.

11. 『번역과 반역의 갈래에서』, 박규태, 새물결플러스, 261쪽 참고.

12. 『이 책을 먹으라』, 유진 피터슨, IVP, 267쪽 참고.

4장 공동체에서 말씀을 서로 나누라

1. 『가르침』, 파커 J 파머, 아바서원, 152쪽 참고.
2. 성만찬에 대한 내용은 이요셉 님이 SNS에 올린 내용을 허락받아 실었다.
3. 『2천년 동안의 정신 1』, 폴 존슨, 살림, 204쪽.
4. 『유진 피터슨』, 유진 피터슨, IVP, 277쪽 참고.

책벌레 선생과 함께 성경 읽기

1. 『고린도전서 강해』, 데이비드 프라이어, IVP, 243쪽 참고.
2. '악인-선인', '의로운 자-불의한 자' 역시 "A-B-B-A" 구조다.
3. 『나중에 온 이 사람에게도』, 존 러스킨, 아인북스, 90쪽.
4. 『놀라운 하나님의 은혜』, 필립 얀시, IVP, 69쪽 참고.